勝つ投資 負けない投資

小松原周　片山晃（五月）
Amane Komatsubara　Akira Katayama

【改訂版】

THE WINNING INVESTMENT STRATEGIES

なぜあなたは
日経平均が上がっているのに、
勝てないのか？

CROSSMEDIA PUBLISHING

- 本書は2015年に刊行した『勝つ投資 負けない投資』をもとに大幅に加筆・修正したものです。
- 本書は投資の参考となる情報提供を目的としています。投資にあたっての意思決定、最終判断はご自身の責任でお願いいたします。本書の内容は2023年12月7日現在のものであり、予告なく変更されることもあります。また、本書の内容には正確を期する万全の努力をいたしましたが、万が一、誤りや脱落等がありましても、その責任は負いかねますのでご了承くださいませ。

はじめに

小松原 周

世界の金融市場は、リーマン・ショックやコロナ・ショックといった未曽有の混乱を経て、それまでとはまったく別のものに変質してしまいました。

各国の中央銀行は、景気を底支えする手段として大規模な金融緩和を実施することが常態化しており、これが金融市場に「歪み」を生じさせることで、従来の経済学やファイナンス理論では説明のつかない現象を、相次いで引き起こしています。

近年、社会問題となっている「二極化」も、この前例のない金融市場の歪みが根底にあります。なぜ、「勝ち組」と「負け組」の差が顕著になってきているのでしょうか。

その答えは簡単です。金融市場との付き合い方を知っている人、つまり正しい知識を持った投資家が「勝ち組」となり、金融市場との付き合い方を知らない人、つまり投資を行っていないか、あるいは間違った知識のもとで投資を行っている人が「負け組」となる。これが新しい世界のルールとなっているのです。

本書は、「究極」の個人投資家である五月さん（片山さん）と、TOPIXなどの指標に対して「不敗」の機関投資家である小松原、それぞれの立場のトップ・プレーヤーがタッグを組むという史上初の投資本であり、2015年の初版から8年以上が経過し、新たに改訂版として改編したものです。

私と五月さんが本書を執筆するにあたって、「投資家にとって最も誠実な本をつくりたい」という共通の思いがありました。投資に関する本は巷にあふれていますが、どれもテクニックに重点が置かれており、投資家が本当に知らなければならないことについて、言及されていないと感じていたのです。

議論の結果、2人が投資に対してホンネを語ることが、最も誠実な本になるだろうという結論に至りました。投資の「オモテ」と「ウラ」を初めて知る読者の方にとっては、耳の痛いような話も出てくるかもしれませんが、それこそが、私たちが本当にお伝えしたいポイントといえるでしょう。

序章では、我々の自己紹介や、本編へ入る前の導入として、読者へ伝えたいことのポイントをまとめています。

第1章から第3章は、五月さんが大投資家になるまでの変遷を交えながら、そこで得た貴重な知見や、実際の投資行動まで、実践的な内容を詳《つまび》らかに解説し、その上で、五月さんから読者のみなさんへ、ホンネのアドバイスも盛り込んでいただいています。

第4章から第6章は、小松原が機関投資家としての立場から、投資をするにあたっての基本的な知識や、銘柄の見方、心構えなどを解説しています。正しい知識を持った投資家としてのスタートラインに立つために、読者のみなさんに、ぜひとも知っておいてもらいたい内容を記述しました。

また、今回の改訂版のために、お互いに新しい章を書き加えました。コロナ禍によって世の中は大きく変わりましたが、2人にとっての投資の本質はどうであったか。これからの市場はどうなっていくか。それらを「終章」としてまとめています。

読み進めるうちに、2人の間で異なる見解を述べているような部分もあるかと思います。しかしそれらは、もともと私たちが意図したことです。投資の世界には正解が存在しません。よって、どちらの意見が正しく、どちらの意見が間違っているというものではありません。

読者のみなさんには、そのようなコントラストも含めて、五月さん流の**勝つ投資**と小松原流の**負けない投資＝勝つ投資**に、本書を通じて触れていただければ幸いです。投資の本質を知りたい、正しい知識を持った投資家になりたいと思うすべての方にとって、きっと新たな発見があるでしょう。

末筆になりますが、本書を読まれたみなさんが相場の神様に愛されますよう、心より祈念しております。

改訂版 勝つ投資 負けない投資 目次

THE WINNING INVESTMENT STRATEGIES
Contents

第1章 デイトレはそろそろ限界かもしれない

第2章 株式投資で勝つための銘柄選別法

第3章 買い方、売り方、見分け方のポイント

第2部［負けない投資編］

機関投資家 小松原 周

第4章 株式投資のキホン

第5章 プロはこうして銘柄を選ぶ

第6章 ポートフォリオの組み方と勝つ投資家のメンタル

終章

2人が考える、これからの市場

ブックデザイン：金澤浩二
図版作成：長田周平
DTP：bird location（吉野 章）

序章

投資家になるということ

バイトで貯めた65万円を握りしめて

僕が初めて株式市場に足を踏み入れた時、最初の資金は65万円でした。それを現在までの18年間で１５０億円にまで増やしてきたわけですが、実はこんな大金持ちになりたいと思って投資を始めたわけではありませんでした。

目的を持って物事を始めた場合、ゴールに到達すればそのチャレンジは終わります。大金持ちになりたいと思って投資を始めた人が大金持ちになったら、次に考えるのはお金を使うことでしょう。

でも、僕の場合にはそれがありませんでした。その理由は、僕が投資を始めたきっかけが少し特殊だったからかもしれません。

投資を始める前の僕は、オンラインゲームの世界の住人でした。本来なら大学を卒業し、社会人として会社に勤めなければならない年齢だったにもかかわらず、自分の部屋に閉じこもり、ただただオンラインゲームをやる生活をしていたのです。

その当時、スマートフォンはまだ世に出てきておらず、今でいうソーシャルゲームは存在しませんでした。僕がやっていたのはその時に主流だったパソコン向けのオンラインゲームです。

その中でも、『ラグナロクオンライン』というタイトルには無茶苦茶はまりました。まさに僕の青春を捧げたといっても過言ではありません。4年間にわたってこのゲームをプレイし続けた僕は、いわゆる「ネトゲ廃人」の状態にありました。

日常生活を放棄してまでもゲームをやり続けていたこの時のモチベーションは、当時国内のオンラインRPGで最大のユーザー数を誇っていたこのゲームの世界で頂点に立ちたいという思いでした。

そのため、僕はそのゲームでできるありとあらゆることにチャレンジし、膨大な時間と情熱をつぎ込んで工夫と研鑽《けんさん》を重ね、他の誰もが実践し得ない手法を試みて、ゲームのキャラクター育成に勤《いそ》しみました。その究極形が、1人で2台のパソコンを操りキャラクターを同時操作するという「2PC」でした。

2PCを極めた僕は、所属していたワールドではレベル上げにおいてトップに立つことができ、少なくともキャラクター育成の面では並ぶ者のない存在まで登り詰めたという自負を抱いていました。

でも、いくらオンラインゲームの世界で「神」になったとしても、そこで得られるのは自己満足でしかなかったということに気がつきました。なぜなら、多くの人にとってゲームは単なる遊びや趣味のひとつでしかないからです。

たとえその対象がゲームであれ何であれ、ひとつのことに打ち込んで極め、その道の第一人者になることがカッコイイと思っていた自分にとっては、トップに立った瞬間こそ充足感があったものの、「この世界で頑張ったって何にもならないんだ」と気づいてしまってからは、急速に空虚な気持ちに支配されていくようになりました。

そうしたことがあり、僕の関心は徐々にオンラインゲームの世界そのものから遠ざかっていきました。しかし、それで費やした時間が戻ってくるわけではありません。

専門学校を1年でやめてネトゲ廃人になった僕の同級生たちは、大学を卒業し就職をする年齢となっていました。ゲームの世界ではトップに立った僕がふとリアルの世界に立ち返ると、そこには人生の危機が待っていたのです。

そんな時期に、偶然に出合ったのが株式投資でした。２００５年に、『ビッグマネー！～浮世の沙汰は株しだい～』（フジテレビ）という株をテーマにしたテレビドラマをレンタルして観たのがきっかけで、僕は相場の世界に入りました。

そのドラマを観るうちに、「世の中にはこんなに面白い世界があったのか！」と居ても立っても居られなくなり、すぐさま証券会社に口座を開きました。その時、僕の手には、バイトで貯めた全財産の65万円が握りしめられていました。

実際に投資を開始すると、あっという間に相場の魅力にとりつかれました。投資に失敗すれば、損失が自分自身にダイレクトに跳ね返ってくるわけですが、損をしたくてこの世界に入ってくるプレイヤーは誰一人としていません。誰もが成功を夢見てリスクを取っています。だから、全員が必死になって戦っている。

しかも、株式市場に参加している人は、日本人だけではありません。欧米、アジア、中近東など、全世界のマネーが自身の利益を追求するためにしのぎを削っています。そこではオンラインゲームのように、「まぁこれは遊びだから」などという言い訳は一切通用しません。全員が真剣勝負だからこそ面白いし、そこで勝つことに意味があります。次に打ち込むべき対象を見つけた僕に、もう迷いはありませんでした。

結局のところ、僕は勝負事が大好きなのだと思います。それも、舞台が大きくなればなるほど興奮の度合いは高まっていく。18年前のあの日、株式市場という世界最大にして最高水準のオンラインゲームと出合ったことで、僕の人生は大きく変わったのです。

小 行きがかりでなったファンドマネージャー

私は今、大手資産運用会社で金融機関からお預かりした資金の運用を行っています。

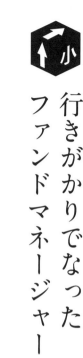

五月さんこと片山さんと同じ「投資家」ではありますが、五月さんが個人投資家であるのに対し、私は「機関投資家」という分類に属しています。

　機関投資家とは、仕事として投資をしている人たちのことです。たとえば私の場合は、資産運用会社に属していて、ファンドマネージャーという役職で、大きな資金（ファンド）を運用しています。

　個人投資家の場合、自分自身のお金を運用しているのに対し、私が運用しているのはお客様のお金です。ですので、運用に失敗したとしても、自分の財産が減るようなことはありません。ただし、運用成績が悪ければ、クビになります。


　私がこの道に足を踏み入れたのは、どちらかというと偶然によるところが大きいのです。学生時代から経済やファイナンス系の理論を専門に学び、「自分はファンドマネージャーになるんだ」という強い意思で進路を決定したわけではありません。専攻も今の職業から最も遠いところにあったといってもよいでしょう。それが、人生とは本当にわからないもので、偶然に人の縁やタイミングなどが重なり、投資の世界に足を踏み入れるようになり、気づけば元の世界よりも投資の世界のほうの魅力に、どんどんと引き込まれていってしまいました。

このようにいうと、「なんだか主体性がないね〜」などと思われるでしょうが、きっかけは何でもいいような気がします。誰でも投資の世界に入れるチャンスがあるということを、ここではまず申し上げておきます。そして、何よりも大事なのは、機関投資家になった後、ずっと機関投資家で居続けられるかどうかということです。

前述のように、ファンドマネージャーは運用成績が上がらないと、すぐに引導を渡されます。お客様や会社の同僚たちの期待を一身に背負って投資判断を下しているわけですから、結果の残せないファンドマネージャーは、その責任を負わなければなりません。この世界では、10年以上生き残っているファンドマネージャーのことを「10年選手」などと呼びますが、そういわれるほど、キャリアを続けるのが難しい世界といえます。

私がこれまで、大きく調子を崩すことなくこの仕事を続けてこられたのは、師匠やまわりの先輩に恵まれたためだと思います。結果を残さなくてはならないという焦りから、プロでも投資の本質を見誤り、パフォーマンスを悪化させて退場させられる光景は、日常的に見られます。私の場合は、投資の王道を行くことが、実は結果を残す最短距離であるということを、早い時期に学ぶ機会がありました。

ファンドマネージャーという職業は、外から見ると一見華やかですが、私の日常がそうであるように、意外にも地味な作業の繰り返しでもあります。

投資アイデアは天から降ってくるものではなく、地に足つけて探し出すことのほうが、圧倒的に多いのです。「知りたい」という知的な好奇心がないと、この世界では長続きしないかもしれません。事実、投資家として大成する人には、知的好奇心が高いという共通した特徴が挙げられます。

片 個人投資家の強みを生かした投資を

巷でよくある株式投資にまつわる思い込みで多いのが、「個人投資家は、プロである機関投資家に勝てるはずがない」というものです。やったところで食い物にされるだけなので、そもそも参加しないことが一番だという考え方のようです。

確かに、機関投資家には多くの有利な点が存在します。

たとえば豊富な情報量。ブルームバーグのような高価な情報端末が使えるだけでなく、機関投資家を相手に商売をしている証券会社が抱えるアナリストの知識や見解も活用することができます。

高い給料をもらって、担当する産業や企業についての情報収集や分析に日夜明け暮れているプロのアナリストにいつでも意見を求められるということは、いってみれば投資判断を行うための頭脳がいくつもつながっているようなもので、こういった部分では個人投資家はプロにまったく太刀打ちできません。

また、投資候補となる企業の社長や役員と直接ミーティングできることも機関投資家のメリットです。実際にどのような理念や考え方のもとに経営し、どんな将来像を目指しているのかを直に聞けることは、長期投資を考える上では重要な判断材料となります。小松原さんほどの投資家になると、経営者の話しぶりや、その時の目や表情を見ていれば、いっていることが本当なのかその場しのぎなのかも手に取るようにわかるようになるといいます。

しかし、そんな彼らにも弱点があります。それは機動力のなさです。一般に機関投資家は大きな資金を動かします。資金力さえあれば勝てると考えている人もよくいますが、これは誤りで、その巨大さが時には大きな足かせとなる場合もあるのです。

また、彼らはたいてい顧客の資産を預かって運用する立場なので、投資には透明性と説明責任が常に伴います。資産運用ビジネスには信用が何よりも大切ですから、預かった大切な資産をギャンブルのような取引で運用できないように、投資判断をするファンドマネージャーや、取引を行うトレーダーにはさまざまなルールが課せられているのです。

そのひとつが、流動性に乏しい銘柄には投資しないというものです。株式投資における流動性とは売買代金のことで、トヨタであれば1日あたり数千万株、1000億円近い取引が行われているため、億単位で投資をしていても1日から数日で売買を完了させることができます。

しかし、上場企業の中にも、一般にほとんどその名を知られていないような小型株も存在します。そうした銘柄は時価総額が数十億円程度の小さいものから存在し、1日の売買代金は数百万円から数千万円。時には1日を通じて売買が成立しないこともあります。

このような銘柄では、買うにも売るにもとても時間がかかってしまうし、その間に不測の事態が起こった場合、売るに売れないまま巻き込まれてしまいます。これではリスクが高過ぎるということで、「流動性が基準に満たない銘柄への投資は避けよう」ということになるわけです。

もうひとつは、「フルインベストメント」という考え方です。ほとんどの投資信託やファンドでは運用資産のうち現金で持っておけるのは数%までとルールで定められています。これは何を意味するかというと、今はあまり儲からなさそうな相場だとか、下手をすればこれから株価が下がりそうだと運用者が思っていても、株を売って次のチャンスに備えることができないということです。

普通の人が聞くと、いかにもバカバカしいと思うかもしれませんが、これは市場平均より好成績を収めれば優秀とみなす運用業界の評価基準から来るものです。つまり、ベンチマークとしている指数である日経平均株価やＴＯＰＩＸが年間で15％下落していたら、10％の下落で済ませたファンドマネージャーは「非常に優秀」ということになります。

しかし、個人投資家にはこの2つのことはいずれも理解し難い話だと思います。将来上がりそうなよい銘柄であれば、流動性に乏しかろうが買うべきだし、自分の大切な資産が目減りしている状態で、ベンチマークより下落がマシだったから今年はよかったなと振り返られる人はほとんどいないでしょう。

まだ日の目を見ていない銘柄を先に仕込んでおいて、人気が出るのを待つ。下がると思えば売っておいて、安くなってから買い直してリターンを得る。そうした自然な投資行動を取れる機動力こそが、個人投資家が機関投資家に対して優位に立てる唯一の武器なのです。それをどう活かすかが、投資活動の成否を決める重大な鍵となっていきます。

小 機関投資家の制約

五月さんが述べられたように、機関投資家には投資の透明性と説明責任が常に伴います。それゆえに、ひとつの投資判断を下すまでに、さまざまなプロセスを踏む必要があるため、どうしても機動性が低下してしまいます。一般的に、大きなファンドを運用するファンドマネージャーの場合ですと、「この銘柄は面白い」と思ってから、実際の投資行動に移すまでには、1カ月から2カ月くらいはかかると見てよいでしょう。

例を挙げて説明しますと、まず、いろいろな情報ソースや、これまでの実績などを見て、気になる銘柄をピックアップします。ここまでは五月さんとほぼ同じ手順を踏みますが、ここから先が大きく違います。その後、目星をつけた企業の経営者との面談のアポイントメントを入れます。もちろん、経営者は忙しい方ばかりですから、早くても1週間後、2週間後にならないと会うことができません。

経営者に会うまでの間は、さらにその企業を研究し、質問の要点をまとめておきます。こうして経営者にインタビューをし、経営者自身がどういう人物なのか、その会社は他社と比べてどういう強みを持っているのか、どのような経営戦略を考えているのかといった点を聞いていきます。そして、インタビューを通じてわかった点も含めて、レポートを執筆します。

その後、そのレポートを銘柄会議に上げて、同僚のファンドマネージャーたちとその銘柄の投資妙味について情報共有&ディスカッションを行います。ファンドマネージャーは、それぞれの情報や分析力、投資スタイルを持っているので、本当にその投資アイデアが優れているのかを、さまざまな角度から点検していきます。その場で解決できない新たな疑問が出てくると、再調査した上で、後日、再び会議にかけることもよくあります。

なぜ、これほどまでの手間をかけるのかというと、機関投資家はお客様のお金を預かり、お客様の代わりに運用を行うことで手数料をいただくサービス業であるという側面が大きいのです。株式投資は、絶対に利益が得られる保証はありません。当然ですが、損をすることもあります。大切なのは、損失が生じた時でも、お客様に対してしっかりとした説明ができるかどうかです。

「損をしている銘柄をなぜ持ち続けているのか」と、お客様から問われた時、「確かに今は損失が生じていますが、この銘柄の本来の価値は、これこれこういう理由で、もっと高いものであると考えています」というように、きちっと理由を説明する必要があります。その責任を果たすために、前述のような重厚なプロセスをクリアした上で、ようやく自分のファンドに組み入れることができるのです。

これだけ慎重に銘柄を選別しますから、業績予想を大きく外すリスクはそれなりに低減されています。ただ、その一方で、得られるはずのリターンの一部は、取り逃がしてしまっています。「この銘柄、いいかもしれないな」というインスピレーションが湧いたところから数えて1カ月後、2カ月後にようやく投資行動に出るのですから、その間に他の投資家が、その銘柄の価値に気づいて買い進め、株価がかなり上がってしまうケースもよくあります。この投資の意思決定の遅さは、組織で運用を行う機関投資家にとっては、大きな制約のひとつといえます。

つまり、こうした機関投資家の弱点を知ってさえおけば、個人投資家でも十分、機

関投資家に太刀打ちできるということです。巨砲を持つ戦艦大和が、機動力に勝る駆逐艦に負けるようなことは、株式市場では頻繁に起こっています。

あなたの投資手法は株を始める前から決まっている

僕がこの本を書こうと思ったのは、株式投資はそう簡単に儲かるものではないという、ある種の現実を知ってもらいたかったからです。ですが、これは何も「一部の限られた人だけしか相場では勝てません」と言いたいのではなく、むしろその逆で、決して簡単ではないが、やりようによっては誰にもチャンスはあるということをお伝えしたかったのです。

それともうひとつ、冒頭でお伝えしておきたいことは、投資の成功の仕方はひとつではなく、勝ち方は人それぞれに存在するということです。書店に行けば株本はたくさん並んでいますが、特に「〇〇式」のような、成功した投資家の書いた本に関しては、「私はこういうやり方で勝ちました」と言っているに過ぎません。

陸上競技でも短距離、中距離、長距離にハードルやマラソンなど、さまざまな競技に分かれているように、投資にも実はいろいろなやり方があって、それぞれに必要な努力が異なります。

まずは自分がどれに興味があり、どこに適性があるのかを見極めなければスタートラインにも立てません。それを把握する前に、ただ漫然とカリスマ投資家と呼ばれる方々の本を読んでも、有益どころか自身の本来の成長の妨げとなっている可能性もあるのです。

そして、この「自分に最も適した投資のやり方」とは、実は投資を始める前からすでに定まっているというのが僕の最近の持論です。投資で長期的に成功を収めるには、まずそこを理解するところから始めなければなりません。本書では、個別具体的な手法もさることながら、こうした投資に対する考え方や心構えについて、多くの方に役立つ内容となることを目指して書いています。

投機家ではなく投資家になろう

突然ですが、パチンコ屋さんの粗利益率は何%かご存じでしょうか。正解はおよそ15%です。この15%がどこから出ているのかというと、パチンコ屋さんにせっせと通い詰めている人たちのサイフから捻出されています。

パチンコ屋さんの粗利益率が示唆しているのは、確実にお客が15%分負けるということです。2回、3回程度パチンコで遊んで勝てたとして、後は一切何もしないというのであれば、負けることなく逃げ切れる可能性があるかもしれません。

しかし、３００回、３０００回それを重ねれば、確実に自分のお金は15%分目減りしていているはずです。

ですので、私はデイトレーダーで勝ち続けている人がいるという話を聞いても、「相場がよかったから、たまたま勝てたのだろう」と思います。それはパチンコで「勝てている」と錯覚している人と同じロジックだからです。

機関投資家の中にも「クオンツ運用」といって、さまざまな数学的、統計学的なアプローチによって、利益を上げようと試みる人たちがいます。以前、証券会社の人たちが私のところに、米国のトップレベルのエンジニアたちが組んだ、最新の投資のプログラムを紹介してきたことがありました。**バックテスト**をすると、その売買シグナルに従えば年率で平均7％は勝てているとのことでしたが、私は採用しませんでした。

なぜかというと、端的にいってしまえば、投資の世界はそんなに甘くないからです。相場は常に変化しており、必ずしも過去と同じ連続性を持った動きをしているわけではありませんし、特定のファクターが効き続けるということもありません。たとえば、「高ROE銘柄が熱い」といって注目を集めても、明日には突然、別の相場になって

［**バックテスト**］ある条件の取引パターンを与えた時、市場でどの程度パフォーマンス（損益、勝率等）が得られるかをシミュレーションすること。

いるかもしれないのです。事実、その「無敗を誇る」プログラミング取引は、その翌年、それまでの勝ちをすべて飛ばすような大敗を喫しました。

こうした事実からも、相場の動きを捉えて短期のトレードで勝つことは、それを専門とするプロの投資家でさえも、極めて難しいということがおわかりいただけると思います。個人投資家であればなおのことです。そこを理解しないと、投資の世界の醍醐味を知らぬまま、株式市場から退場を迫られることになってしまいます。

詳しくは本論で述べますが、「投資」と「投機」の違いについて知る必要があります。「投機家」になるのではなく、本物の「投資家」になることの意味もあわせてお伝えしていきます。

第1部

[勝つ投資編]

個人投資家
片山 晃
(五月)

バイトで貯めた65万円を、10年後に25億円、その8年後に150億円にまで増やした究極の億り人。

その投資への向き合い方、そして投資方法はどのようなものなのか?

第1部では、個人投資家である片山氏が、経験ゼロからの試行錯誤の末にたどり着いた「勝つ投資」について語ります。

第1章

デイトレはそろそろ限界かもしれない

右も左もわからなかったデイトレ時代

僕のことを上手いトレーダーだと思っている方もいらっしゃるようですが、実はまったくそんなことはありません。断言しますが、僕はトレーダーとしてはよくて二流、下手をすれば三流です。そんな腕でも勝てることもあるので、チャンスには積極果敢にトレードをしていますが、それだけに絞ってやっていけるとは到底思っていません。

しかし、株を始めた当初は何もわからないままにデイトレードをやっていました。２００５年といえばライブドア・ショックが起こる1年前で、デイトレードブームも佳境に入ってきた頃。猫も杓子も株の特集を組んでいて、カリスマデイトレーダーが誌面を賑わしていた時代です。そんな時に株を始めたら、自然とそうしたスタイルに流れてしまうのは当然の成り行きでした。

デイトレはその名のとおり、その日のうちに取引を終える短期のトレードで、オーバーナイト（持ち越し）のリスクを取らずに済むこと、成果が目に見える形で確認できることがメリットといえます。

ただその分、一度のトレードで取れる値幅が小さく、コツコツと儲けを積み上げるようなやり方になること、そもそも日中ザラ場（取引時間）に張りついていなければならないということがデメリットになります。しかし、2005年前後のデイトレブーム、2013年からのアベノミクス相場、2021年のグロース株バブルなど、相場の好調時には短期の取引でも大きく儲かる時期が存在します。

それはなぜかというと、後から後から新規参入者がやって来て、相場自体に新しいマネーが入ってくるからです。こうした状況のことを、「パイが大きくなる」とよく言いますね。この状態では、未熟だけどお金は持っている人たち、すなわち上手い人から見た「カモ」が次々に現れるので、上級者は先行した優位性を武器にどんどん勝っていくことができます。

ですが、新規流入が止まって安定期に入ると、今あるパイの取り合いになるので、それまでほど楽に勝つことはできなくなります。そして相場の下落時には資金流出によってパイが小さくなっていくので、上手い人でも勝てなくなる冬の時代がやってくることになるのです。

日本の新興市場に長い冬をもたらしたライブドア・ショックが起きたのは2006年の1月でしたが、日経平均株価自体は2007年の夏まで上昇が続きました。この時の相場では、そこまでがパイが大きくなっていた状態といえます。

ここまでは、僕の資産も順調に増えていました。

2006年末に仕事を辞めて専業投資家になった時は資産が200万円でしたが、2007年の10月には1000万円の節目を突破していました。わずか1年足らずで5倍ですから驚異的なパフォーマンスといっていいでしょう。

でも、この時の僕はまだ確固たる投資手法を持っておらず、チャートの見方もろくにわかっていないレベルでした。なんとなく上がりそうだから買って、なんとなく下がりそうだから売る。パイが広がっている時期には、本当にそんなトレードでも資産が増えてしまうことがあるのです。

そして、現実にこれだけ資産が増えているのだから自分はトレードの才能があるに違いないと錯覚してしまうわけです。

デイトレーダーとしての限界

日経平均が天井をつけたのは２００７年の夏で、リーマン・ショックが起こるまでにはまだ１年以上の時間がありました。株価は下降線を辿っていたとはいえ、売買代金の水準は依然として高く、市場には多くのチャンスがあるように見えました。

ところがその期間、僕の資産はまったく増えていかなかったのです。２００７年10月に１０００万円を突破した資産は、一時的に１３００万円まで増加したものの、２００８年８月には再び１０００万円を割り込むところまで戻っていました。流石に１年間やって資産が横ばいなのはまずい……そういう焦りと危機感が募っていた頃に、ある出来事が起こります。

それは、ネットで知り合った投資家たちとのオフ会の会話での出来事でした。当時の人気銘柄のひとつにネットエイジ（現社名ユナイテッド）という株があって、個人投資家の注目度が高く頻繁に値動きを見せていました。そのため僕もよく参戦したのですが、いつも負け、しかも大損といえるレベルでの大敗を繰り返していたのです。だから、僕はオフ会の参加者に何気なく「ネットエイジってほんと難しいですよね」といったのですが、なんとその人はネットエイジで負けたことがなく、むしろ得意にしている銘柄だというのです。自分がどうやっても勝てないと思っていた値動きを簡単だといい切る人を目の前にして、僕は頭が混乱しました。家に帰ってからも、ずっとそのことを考えていました。そしてある結論に至りました。

僕はデイトレーダーとしては一流にはなれない――。

よくよく考えてみると、ネットエイジに限らず、上手い個人投資家がよく手がけていた銘柄ではことごとく負けた記憶しかありませんでした。誰でも勝てるパイの拡大期が終わった後、気がつくといつの間にか僕がカモになっていたのです。

［オフ会］ネット上の各コミュニティの主催者またはメンバー有志により企画立案・開催されるオフラインの会。

そのことに気づいた途端、手持ちの1000万円という資産がとてつもなく心細い数字に見えてきて、「このままではいけない、何とかして勝てるようにならなければ」との思いを強くし始めた頃に、リーマン・ショックは起こりました。

割安株投資に活路を見出す

日経平均があっという間に半分になり、まるで焼け野原のようになった株式市場を見て、僕は自分の人生の行く末を初めて案じました。なんだかんだいっても景気はいいし、株でダメなら普通に働けばいいと楽観的に考えていたところがあったのですが、突然やって来た大不況によって真面目に働いていた多くの人が職を失った光景を見て、もう自分には株以外の道はないのだと覚悟を決めました。

そうはいっても、勝つための方策がまるで見つかりません。リーマン・ショック前でも勝てなかったのに、こんなことが起きた後に勝てるはずもない。スキャルピングという秒単位の超短期トレードを繰り返して糊口をしのぎながら、この後、市場がどうなっていくのかということを毎日考えました。

明らかだったのは、以前のような売買代金が戻ってくるには相当の時間がかかるだろうということでした。トレーダーにとっては流動性の多寡が死活問題になりますが、市場が死んだようになってしまっていたこの時、新しい資金が入ってくる見込みはほとんどありません。それが少なくとも数年は続くだろうという前提で、僕は今後の戦い方を練りました。

そうして行き着いたのが、割安株への長期投資です。思えば単純なことだったのですが、1年前にはあれほど高かった株が信じられないような安さになっていました。「もしかすると、この中に今買っておけば儲かる株があるかもしれない」。もともと企業業績には関心があり、会社四季報や日経新聞を読んでいた僕は、より一層この部分に力を入れることにしました。

今でもやっている「すべての適時開示情報に目を通す」という習慣は、この頃から

[適時開示情報] 上場企業によって提供される、四半期決算や業績予想などの重要な会社情報のことをさす。

始まったような気がします。こうして、今やっている小型成長株への長期投資につながる、新たな投資手法への取り組みがスタートしたのです。

どんなやり方が向いているかは人それぞれ

冒頭でお伝えしたとおり、投資にはさまざまなやり方があり、どれを選ぶべきかは一概に論じることができません。ですから、これから本書を通じて触れる具体的なやり方や考え方については、「たまたま片山晃という人間が上手くいったやり方」であるということを忘れずに受け止めるようにしてもらいたいと思います。

どの投資が合うかどうかはその人の性格に物凄く左右されます。また、育ってきた環境や今の家庭の状況などのバックグラウンドによって、リスクに対する考え方も大きく異なります。なので、自分にはどんなやり方が向いているかというのは自身で見つけるしかありません。

では、どのようにして自分に合ったやり方を見つければよいのかということですが、特に難しいことはありません。いろいろなやり方に実際に触れてみて、それを実践している先駆者のブログやSNS、書籍から考え方を学び、しっくり来るまで試してみるのです。僕もこれが多分自分のやり方なのだろうなと自覚できるようになるまで5年はかかりました。

よくないのは、大きく儲けたいとかラクして稼ぎたいという発想からやり方を決めることです。著名トレーダーにBNFさんという、30代にして数百億円もの資産を稼ぎ出した生ける伝説となっている方がいますが、僕は彼のやり方を決して真似しようとは思いません。やっても自分にできるわけがないことを、これまでの経験でよく知っているからです。僕もその全貌を知っているわけではないですが、彼は本当にトレードに関して天賦の才を持っているように思います。

逆に、僕のように企業業績をつぶさに見ていくような作業はどうしても好きになれ

［BNF］推定資産300億円超ともいわれる個人投資家。「ジェイコム男」として一時期メディアなどにも登場していた。

ないけれども、ＢＮＦさんのように独特の感覚で値動きを捉えるトレードのほうが性に合っているという人ももちろんいると思います。そこは、それぞれが考えることでしょう。

ただ、一般に株を始める時に参考にするであろう書店の株コーナーやマネー誌に出てくるやり方は、どうしてもその時々の売れ筋に沿ったものになるため、内容が画一的になりがちで、本当に自分に合ったやり方に辿りつけていないという人もいるのではないでしょうか。ですから、そこはネットなどを使って能動的に、世の中にはどんなタイプの投資家が存在するのかをよく研究してみることをおすすめします。

かけられる時間と情熱によって取れる手法が決まる

僕の現在の主な投資手法は、小型の成長株がその頭角を現し始める初動を捉えて集中的に投資をするというものです。これをやるには、普通の人があまり見ていないような小さな株を常にウォッチしながら、世の中の次のトレンドは何だろうかということを考え続ける必要があります。小型の株は特定の製品やサービスに特化していることが多いだけに、そこに時代の風が吹けば業績や評価が一変する可能性を秘めているからです。

時代の風とは、たとえば東日本大震災後の再生エネルギー関連やＬＥＤなどの省エネであり、コンピューターの世界ではクラウドやＩｏＴであり、数年前であれば自動車の自動運転システムやマイナンバーなどです。より大きな視点で捉えるならば、21世紀に始まったインターネット革命は今なお吹き続けている時代の風といえるかもし

[マイナンバー] 社会保障・税など行政に利用するため、国が個人や法人に固定された番号を付与する仕組み。

[IoT] Internet of Thingsの略。あらゆるモノがインターネットにつながっていく技術のトレンドのこと。

れません。そうした大なり小なりの世の中の変化を予測し、銘柄という形に落とし込んで先取りするのが成長株投資の基本です。

これをやるにはいくら時間があっても足りません。学校の宿題のように、今日はここからここまでやればいいというものがなく、その気になれば365日24時間ずっと取り組むこと、考えることがあります。なので、このやり方は世の中の行く末や企業の盛衰について考えることがそもそも好きで、そうしたことに多くの時間を費やすことを厭《いと》わない人にしかできない可能性があります。

どのようにしたら、そんな人間になれるのかは僕にもわかりません。僕の会社に数年前に入った社員は、新卒で入った会社から入社前に与えられた教材に、コーポレートファイナンスについて学ぶものがあり、そこから企業価値などについて関心を持つようになって株を始めたそうです。今では朝から晩まで会社四季報を読んでいても飽きない株オタクぶりを見せていて、その意味では外部から与えようと思ってもできないとてつもない素質を持っているといえます。

一方で、東大の株サークルで、プロのアナリストがやるような堅くて緻密な企業価値評価の練習を大型株相手にやっていた学生の子が、いつの間にか値動きの激しい人気の新興株に積極的に投資して大きなリターンを上げていたという事例もあります。

このように、当初の興味関心から変遷していくパターンもあり得るということでしょう。

それはともかく、**もし僕と同じようなやり方をするのであれば、それなりの時間と情熱を注ぐことを覚悟しなければならないと思います。**それも、数年かけて収穫期に入るぐらいの時間感覚が必要です。

では、僕が数年に及ぶ苦行のような体験をしてきたのかというと、そんなことはまったくありません。僕は単に、元から関心のあった企業業績に関する研究や分析を、投資で勝つためにより深く行っただけであって、その作業自体はずっと楽しんでやってきました。先ほどの四季報を読み続けている社員にしてもそうですが、それが「向いている」ということなのだと思います。

時間も情熱もかけられない人が取るべき手法とは

そういう地道な作業は向いていない、かといって値動きを読んでトレードで勝つほどのセンスもなさそうだという人はどうすればいいのでしょうか。

答えは明瞭で、投資で大きく儲けることは諦めるのが賢明です。自分に合ったやり方が見つかっていないのに、儲けたいという願望ありきで投資を続けてしまうと、儲けるどころか損を重ねるばかりで大変危険です。

冷酷かもしれませんが、投資に向いていない性格の人というのは現実に存在すると思います。ただ、そういう人はスポーツやアートの分野に向いているかもしれないし、起業やビジネスで才覚を発揮するかもしれません。たまたま投資に向いていなかったというだけで、他の分野に目を向ければいいことです。

それでも、どうにかして投資で勝ちたいという人には、次の3つの選択肢が考えられます。

①あまり適性がないことを自覚して、無理のないリターンを上げる手法を磨く
②信頼できるプロフェッショナルを見つけ、自分の代わりに運用してもらう
③投資で勝つために自分自身を殺し、勝てる性格に少しでも近づける

①は、大勝ちはできないが手堅くて汎用性の高い手法を取り揃え、それを効果的に使い分けていくというものです。自分でやっていないのであまり適当なことはいえないのですが、企業の純資産価値に着目したバリュー投資や、配当利回りを基準とした銘柄選択、普段はキャッシュを厚く持っておいて相場が大きく下げた時にだけ出動するやり方など、方法はいろいろあると思います。

②は、端的にいえば投資信託を買うやり方です。これについては多くの専門書が出ているので、敢えてここで解説はしません。

③は、一番きついやり方です。なぜ多くの人が投資で負けてしまうのかというと、頭では正しいと理解していることをそのとおりに実行することがとても難しいからです。値動きが弱く、とても上がる見込みがなさそうなのに、損を確定させたくないからと含み損のまま塩漬けにしてしまうのがその典型です。

理屈としてわかっていることと、それを実践できることには大きな違いがあり、これを埋めるのは容易ではないのです。

ところが、トレードに向いている人はそこにためらいがありません。下がると思えば売る。損切りした株でも、また上がると思えば躊躇なく売値より高いところで買う。普通の人が「心理的」にやりにくいようなことを「合理的」に処理していけるのが、トレード適性の高い人です。

反対に、長期投資においては、短期的には弱々しく見える値動きでも、自分が考える将来価値との差にギャップがあると思えば、むしろ買い増していく勇気も必要になります。

これは、弱ければ売って、強ければ買えばいいという合理的な考え方ができるトレード派の人とは相容れない感覚でしょう。

自分に向いていないと思っても、目指すリターンを上げるためにはその手法が必要なのだとなれば、自分自身を変革していく努力が必要になります。長期間投資をやっていれば必ずどこかで壁にぶつかるので、専業投資家になるならこの覚悟は必要不可欠といえるかもしれません。

諦めずに続けることが何よりも大事

これまでお伝えしてきたように、自分にとって最適なやり方を見つけ出すだけでも数年の時間を要する場合があります。さらにそこから、その手法を磨き上げて芽を出すまでにまた長い時間がかかるので、途中で投げ出してしまいたくなることもあるかもしれません。

それでも、少しでもこの世界に興味関心を抱いて入ってきたのなら、諦めずに投資は続けてください。なにせ、人生はとても長いのです。おそらく僕たちが生きている間ぐらいは、株式市場がこの世界から消えてなくなることはないと思います。

株を始めて、かれこれ18年になりますが、振り返ればデイトレブーム、ライブドア・ショック、リーマン・ショック、東日本大震災、欧州債務危機、アベノミクス、チャイナ・ショック、トランプ大統領就任、米中対立問題、コロナウイルス、グロース株バブルとその崩壊など、実にさまざまなことが起きました。

さらに時計の針を巻き戻せば**ITバブル**があり、その前にはバブル崩壊がありました。80年代からの40年間だけでこれだけ世界が動いたのです。その間には市場に無数の機会が訪れましたし、これからもそれは変わらないでしょう。いつどんなチャンスが待っているかわからないということは歴史が示す事実です。

そうであれば、出合いは早いほうがいいし、一度始めたものは細々とでも続けて蓄積していったほうがいいと思うのです。それに、投資で身につけた知識や考え方が仕

［**ITバブル**］1990年代後半から米国を中心として起こったIT企業株を中心としたバブル。日本では2000年前後に株価が上昇。

事などで思わぬ形で役立つこともあるかもしれません。

少なくとも、今日この時に株式投資に関心を持ち、何かの縁で本書を手に取りこの文章を読んでくださっている時点で、まだこの世界に出合っていない人よりも何歩も先んじている。そのことは自信を持っていえると僕は思います。

第2章

株式投資で勝つための銘柄選別法

どんな銘柄に投資するのか

具体的に投資を開始するにあたって、まずぶつかるのが、どんな銘柄に投資するのかという問題です。

僕の場合、リーマン・ショックを境に割安な株への投資をスタートしましたが、その「割安」の定義も時間とともに変遷してきました。

割安株投資といった時に、人によってさまざまな捉え方があるように思います。中でも日本での認知度が高いのが、その企業が持つ純資産、いわゆる解散価値に着目した「バリュー投資」です。

僕も割安株への長期投資を始めた頃は、バリュー投資的な要素を多分に取り入れていました。経験もなくまず始めてみるわけですから、当然失敗のリスクも高い。そのため、比較的安全といわれるバリュー投資は手始めとしては格好の題材だったのです。

リーマン・ショック後の日本市場には、PBRが0・2倍や0・3倍という、信じられないような水準まで下落している銘柄がたくさんありました。

そうした銘柄に幅広く分散させて投資してみたのが2009年から2010年にかけてのことです。

その結果、いくつかの銘柄では株価が2倍から3倍となる大きな成果を得られましたが、一部の銘柄は大した値上がりを見せないままに終わってしまいました。その違いは何だったかといえば、単純に「業績回復スピードの差」でした。

利益が急回復していった銘柄は株価も大きく上昇しましたが、業績が低空飛行のままだった銘柄は株価も冴えませんでした。その経験から、僕は次第にEPS（1株あたり利益）の成長を重視するようになっていきました。

［PBR］株価純資産倍率（株価÷1株あたり純資産額）のこと。一般にPBRが1倍であるとき、株価が解散価値と等しいとされる。

低ＰＥＲや低ＰＢＲで買っても大きなリターンは得られない

低ＰＢＲの銘柄でも上がる時は上がるし、下落リスクが小さく、安全に儲けられるというきちんとした利点もあります。ただ、専業投資家として短期間にそれなりのリターンを出していかなければいけない僕にとって、これは最適な方法とはいえませんでした。

なぜ低ＰＢＲの株では大きく儲からないのか。その理由は、そこに「変化」が起きないからです。

企業が持つ純資産は、過去に上げてきた利益が積み重なったものです。大雑把な例えですが、当初10億円の純資産を持ち、毎年1億円の純利益を安定的に出せる企業があるとして、その企業が10年間事業を続けると純資産は20億円に増えています。

そこにリーマン・ショックのような出来事が起きて２億円の赤字を出してしまったとしても、まだ18億円の純資産が残ります。翌年以降にまた１億円を稼ぐことができれば、純資産は２年で元の20億円に戻るわけです。これが30年、50年と続いていけば分母がますます大きくなるため、単年度の損益が純資産に与える影響はより小さくなっていきます。

そのため、余程のことがない限り、純資産というのは１年やそこらで大きく変わるものではありません。ということは、今たまたま自分が見つけて「おっ、この銘柄はＰＢＲが０・３倍だから安いぞ！」と思ったとしても、そのことにほとんど意味はないわけです。その銘柄は１年前も純資産で見れば割安だったし、恐らく１年後も同じように割安に見えるはずです。

もちろん、業績が伸びていれば株価が上がるのは当然ですが、もし相変わらずの安定的な利益を上げているのに株価だけが動いたとしたら、そこで起きた変化は企業の側ではなく、投資家の側にあるはずです。相場がよくなって投資家のセンチメント（＝心理）が改善し、０・３倍のＰＢＲが０・４倍になっても、まだ割安に見えるようになるというわけです。

そう考えると、バリュー投資はきちんと銘柄選別をしたところで、結局は相場全体が上がらなければ株価は上昇しない性質を持っているといえるのではないでしょうか。

また、純資産という普遍的な指標を頼りにしているため、スクリーニングなどで導き出される結果は常に一定になります。わかりやすく明確な基準で見ているだけに、誰がやっても同じになって差がつかないのです。

これは、低PERに着目した投資でも同じことがいえます。変化のない安定的な業績を出している企業は、いくらＰＥＲが低くてもなかなか投資対象にはなりません。

大事なポイントは、そのPERが将来どのように変わっていくかということです。

もし今のＰＥＲが30倍でも、翌年２倍の利益を上げることができればＰＥＲは15倍に下がり、さらに倍の成長が続くなら２年後にはＰＥＲが7・5倍まで下がります。

高成長株の場合、見る人によってその将来の価値の振れ幅は大きくなります。「今は伸びているかもしれないが、そんな急成長はいつまでも続かないぞ」と考える人に

［PER］株価収益率（株価÷EPS（1株あたり利益））のこと。

とっては、安定的に利益を生む低ＰＥＲ株のほうが魅力的に見えるかもしれません。でも、今ぐらいの高成長が少なくとも向こう数年は続きそうだと考える人にとっては、現在の株価が未来のＰＥＲ３倍や４倍に見えるわけです。

こうした各人のさまざまな思惑がぶつかり合って、株価は形成されていきます。そのため変化のある企業の株価は動くし、何も変化が起きていない企業の株価はずっと割安なままに放置されてしまうのです。

投資で最も大事なのは「変化」と「想像力」

そんなわけで、今の僕の「割安」の定義は、「その銘柄が将来実現すると考えられるEPSに対して現在の株価が割安かどうか」ということになります。

［EPS］1株あたり利益のこと。

ですので、その対象は必然的に成長株となります。

よく聞かれるのが、どうやって成長株を見極めているのかということなのですが、これは先ほどから口を酸っぱくしていっているように、「変化」に着目していく以外にありません。

銘柄としての企業における変化とは何か。いくつか考えられますが、最もわかりやすいのはやはり決算短信で出てくる業績数値でしょう。

それまでに安定して10％の売上成長を続けていた企業が、ある年に突然20％の伸びを見せたら、それが変化です。

ただ、大事なのは変化の中身です。円安によって売上が伸びただけであれば、必ずしもその企業固有の変化ということではないでしょう。他にも同じ要因で伸びる企業がいくつもあるはずです。その場合はある程度、予測がつきやすいので、投資家にとってはそれほど大きな驚きとはなりません。

しかし、それが新たに投入した製品の販売好調によってもたらされたものだとしたた

［決算短信］証券取引所に上場している企業が、証券取引所の適時開示ルールに則り決算発表時に作成・提出する、共通形式の決算速報。

ら、重大な変化です。今は売上高の伸びを10%押し上げただけかもしれませんが、今後さらにその製品がシェアを獲得していくことによって、企業の業績を様変わりさせるほどのインパクトを与えるようになる可能性があります。

そうした変化の端緒を見つけたら、思い切って「想像力」を働かせます。1年後、2年後の未来から今を振り返って見たと仮定した時に、現在の状況がどのように見えるだろうかと想像するのです。

その製品が、話題性で最初に少し売れただけの一過性のブームに終わるのか、はたまた世界を塗り替えるような画期的な商品に育っていくのか。ニンテンドーＤＳが発売された時、ｉＰｈｏｎｅが発売された時、**パズドラ**や**モンスト**がリリースされた時に、今日の状況を予期できたかという問いかけです。

僕にとっての「想像力」は、予想や予測といったものとはニュアンスが異なります。ある事象から想起される可能性について幅広く検討することを、「想像力を働かせる」といっています。

[**モンスト**] モンスターを指で引っ張り、敵に当てて倒すアクションRPG。

[**パズドラ**] モンスターを育ててパズルでバトルするRPGゲーム。

たとえば、故スティーブ・ジョブズ氏がアップルでまだパソコンをつくっていた頃に、「彼は将来iPhoneというすごい製品をつくって世界に衝撃を与える人物になるだろう」と言った人がいたとしたら、それはどちらかといえば水晶玉の類、「予言」というべき話でしょう。

しかし、iPhoneが発表された時点で今のアップルの状況を「予期」することができたら、それは予想や予測の範疇に入ると思います。投資のアイデアとしては、この段階から買いに入ることもあります。

それに対して、実際にiPhoneが発売されて売れ出したのを見て、「この勢いはどこまでいくだろうか？」と考える能力を、僕は「想像力」と定義しています。

事実を知ることによって想像力は養われる

ではどのようにして想像力を養うか。これは、現実に起きた事象のパターンをとにかく拾い集めていくしかないと思います。

２００５年の冬に、あのＢＮＦさんを一躍有名人にしたジェイコム事件が起きました。みずほ証券が「1株66万円」で売る注文を、誤って「1円で66万株」と入力してしまった日本一有名な誤発注事件です。

その時、僕はリアルタイムでその様子を目撃していました。ところが、ただの1株も注文を出すことができませんでした。「誤発注」という概念そのものが僕の頭になかったため、今起きていることが何で、それがどんな機会をもたらすのかについて想像力を働かせる材料を持たなかったのです。

しかし、その数年に電通で起きていた大規模な誤発注事件を知っている投資家にとって、ジェイコムに出た発行済株式数を上回る異常な売りは空前絶後の儲けのチャンスに映ったでしょう。次の瞬間には、誤って売ってしまった株を買い戻すための膨大な買いが来ることを過去の経験から知っていたからです。

東日本大震災の直後には、備蓄用の食品や災害グッズが売れに売れたといいます。また、地震保険やマンションの耐震性に目を向けるようになった人も多いでしょう。これも、あるひとつの事実によって想像力が喚起された例です。

人は、それまで見たことも聞いたこともないことに対して想像力を働かせろといってもなかなかできるものではありません。しかし、「歴史は繰り返す」という言葉があるように、僕たちが忘れていたり知らなかったりするだけで、案外、世の中に起きていることにはある特定のパターンがあったりします。

大きく飛躍した企業、爆発的に売れたヒット商品、突如ブームになったお笑い芸人など、世の中に起きているあらゆることが想像力を養う糧になり得ます。

大事なのは、それを何かのサインやパターンとして受け取るのか、単なる事象として見過ごしてしまうのかという姿勢の問題なのです。

疑問を持つことで投資力が磨かれる

僕にとっての投資とは、現在と未来の価値の間にあるギャップを埋める行為です。それは、変化に気づく力であり、それがもたらす未来を考え抜く発想力や想像力でもあります。

この投資力の源泉となるのが、「疑問を持つ」ことです。

会社帰りに通る道沿いの店がいつも行列をつくっていれば、「この店はどうして繁盛しているのだろう……？」と考える。

そのように、普段、何気なく見過ごしていることにもふとした疑問を持つことが、投資力の源になっていきます。

「いつから繁盛しているのだろうか？　オープンしたのはいつ？　はじめから行列の店だった？　ある時から人気が出たとしたら、その前後で何があったのだろう？　味がよくなったから？　サービスが受け入れられたから？　宣伝が上手くいったから？　それとも、人々の嗜好が変わったのだろうか……？」

そうして考えながら歩いているうちに、ふと反対側の道路を見やると、新しくできた巨大な商業施設の姿が目に飛び込んできます。「なんだ、そういうことか」。

これは投資としてはガッカリのパターンですが、それでも目の前の事象に対して想像力を働かせてひとつの答えを見つけられたわけですから一歩前進です。

これがもし、別の駅にある他の系列店でも行列ができているとわかったら、大きな投資のチャンスになります。

たまたまその時は新しくできた商業施設の集客力のお陰だったという結末だったとしても、このように世の中に起きているあらゆる変化に対して疑問を持ち続ければ、いつか大きな流れを掴む機会が必ずやってきます。

２０１０年代に入ってから、電車の中ではスマートフォンでゲームをする人の姿が増え始めました。

チラリと画面を覗き見ると、絵合わせのようなゲームをやっている。そういえば、向こうの人も同じゲーム。さっき電車を待っている間に見た人も同じゲーム……あれって一体何なんだろう？　**そんな風に気づくことができていた人は、今頃は億万長者になれたかもしれないのです。**

数字の先にあるストーリーを見る

決算短信では業績数値の変化を見るといいましたが、それはあくまでもきっかけに過ぎません。低ＰＥＲや低ＰＢＲの株を見つけることにあまり意味がないように、ひとりの人間が行える程度の単純な数字の分析にも価値はありません。

正確にいえば、まだ価値は残っていますが、いずれなくなっていきます。

今、人工知能が急速に発達してきていることはよく知られていると思います。それによって、将来多くの職業が失われることになるという衝撃的な予測が話題を呼びました。これが企業分析の分野にも入ってくると、分析のスピードや網羅性の面で、人はコンピューターにまったく歯が立たなくなるでしょう。

3カ月に1度やってくる決算シーズンでは、3800ある上場企業の大半が1カ月ほどの間に決算短信を発表します。この期間中に1人の人間が、すべての企業の一つひとつの数字について丁寧に見ていくことは実質的に不可能です。でも、AIならそれを簡単にやってのける時代になりつつあります。

そうでなくとも、序章にも書いたように、こと分析に関しては個人投資家はプロの機関投資家に対して圧倒的に不利な立場にあります。同じ分析をしようにも、その前提となる情報もリソースもまるで足りていないのです。ですから、その土俵で戦うことは極力避けたほうがよいと考えています。

しかし、「未来を考え通す力」に関しては、人が人の営みを予測していくことなので、

まだＡＩに取って代わられるには時間があるし、同じ人間なのですから機関投資家といえどもそう差はありません。プロなら誰もが今のスマートフォン時代の到来を見越せたかというと、そんなことは全然ないわけです。

ですから、僕としては今後ますます陳腐化していくであろう単純な数字の分析よりも、その先にあるストーリーを読むことに投資の付加価値を見出そうとしています。先ほどの話と通じますが、決算資料を読み込んで業績の変化に着目し「なぜこうした変化が起こったのだろう？」と疑問を持ち、考えを尽くすのです。

興味や感心を幅広く持つことも大事

事象として目の前に現れた業績数値の変化からその背景と今後を正確に予測するた

めには、その根拠となる判断材料をどれだけ持っているかが重要になります。

ラオックスという老舗の家電量販店の株価は２０１４年の終わりから半年後には７倍に急騰しました。この企業は家電量販店としては競争に敗れてしまったのですが、その後の再建の過程で中国の同業大手の傘下となり、中国人観光客をターゲットとした免税ビジネスに事業を大きく転換していました。

そこに円安の追い風が吹いて一躍「インバウンド銘柄」の筆頭格となり、実際に8期連続の赤字から、一転して17・3億円の営業利益を叩き出す成長株へと変貌を遂げたのです。

答えを知っている今だからこそ、このように解説ができますが、僕はラオックスが２０１４年の8月に業績予想の上方修正をした時点では、今のような姿になることをまるで予想できていませんでした。訪日外国人がうなぎ登りに増えているらしいということは知っていても、ラオックスが免税ビジネスへの転換に成功していて、中国人が殺到しているという事実までは把握できていなかったのです。

僕はラオックスの上方修正を見てもいまいちピンと来ませんでした。しかし、これらの事情を知っていた人にとっては、あの上方修正は点と点が線でつながった瞬間だったに違いありません。同じ上方修正という情報でも、受け手によってその見え方がまったく異なることがあるのです。そこに、大きな利益のチャンスが潜んでいます。

そのためにも、日頃から幅広い分野の情報を総合的に収集しておくことは投資家にとって必須の行動となります。

そういう意味で、僕は新聞を読むことをとても大事にしています。今や情報そのものはネットでいくらでも手に入るし、速報性の面では新聞を代表とする紙のメディアはまるで役に立たなくなりました。ですが、逆にネットの場合は紙面や時間の制約がなく情報が垂れ流しになっているので、どれが本当に重要なことなのかを自分で判断する必要に迫られます。

その点、新聞は1日に一度読むだけで、編集者がこれは記事にすべきだと考えた重要な情報を網羅的に受け取ることができます。この「受け取る」という感覚が実は大切で、能動的に何かの情報を得ようとすると、どうしてもそこには個人の趣味嗜好が入って観測範囲が偏りがちになってしまいます。

投資家という生き物は、薄く広くいろいろなことに通じていることが価値になるので、新聞のように総花的な情報を受動的に与えてくれるメディアは実に相性がよいのです。

情報収集のスタイルは人によってそれぞれあると思いますが、いずれにしても幅広い情報や価値観に触れておき、ひとつでも多くの事象に対して答えを導き出せるようにしておくことが、投資家としてのあるべき姿といえるのではないでしょうか。

なぜ中小型株に投資するのか

ラオックスのような劇的な株価の変化がなぜ起きたのか。それは、ラオックスという株が投資家からは完全にノーマークの存在だったからです。正直にいうと、僕も途中までは万年赤字のダメ企業がまた仕手化しているな……ぐらいにしか思っていませんでした。ずっと赤字で誰からも見放されていたからこそ、そこに起きた変化がサプライズとなって株価に現れたわけです。

時価総額の大きな大企業の株では、そのようなことはほとんど起こりません。大きいだけに大勢の投資家がついていて、自分の投資先が今どうなっているか、一挙手一投足に目を光らせています。

また、大企業は情報開示の透明性が高く、四半期ごとに出てくる決算内容を類推するための材料が豊富に出てきます。ドコモやＫＤＤＩであれば毎月の加入者数の増減が出ていますし、製造業であれば生産や受注の状況が月ごとに開示されます。

さらに、それらの銘柄には証券会社のアナリストが張りついていて、取材をもとにした分析内容をレポートという形で配信しています。彼らは取材と分析のプロであり、担当する産業の銘柄を継続的に追っているため、何か動きがあればすぐに察知して顧客の機関投資家に情報を提供します。

このような衆人環視、ガラス張りの状況では、サプライズなどそうそう起きるわけがありません。決算短信が出る頃には、たいていのことは「織り込み済み」となっているのにはそうした理由があります。

ですが、時価総額が小さい小型株となると、プロのアナリストもついていませんし業績の一挙一動を見ている投資家の数もそれだけ減ってきます。こういった企業は、普段は何をやっているのかが外からはなかなか見えづらいため、決算短信の内容に意外性があることが多くなります。それはすなわち、投資の機会が多くなることでもあるわけです。

それに、誰でも知っているような大企業の業績がいきなり2倍になることは売上規模的になかなか難しいですが、まだ売上が数十億、数百億レベルの企業であれば、数年で業績が2倍や3倍になることは十分に起こりえます。そうした業績変化率の高さにおいても、やはり中小型株には大きな魅力があるといえます。

第3章

買い方、売り方、見分け方のポイント

投資で利益が得られる3つのパターン

ここからは、僕の投資に対する具体的な考え方をいくつかご紹介したいと思います。
まずは、投資で利益が得られる3つのパターンについて説明します。

①優等生が100点満点を取り続けるパターン
②優等生が期待外れの点数を取ってしまうパターン
③落第生が期待以上の点数を取るパターン

大雑把にいうと、株で儲けるにはこの3つのうちのどれかに当てはまる銘柄に投資をすることです。実際には「④落第生が赤点を取り続けるパターン」もあるのですが、これは当てたところで利益にならないので意味がありません。

①のパターンは、銘柄でいえばキーエンスやSHIFT、GMOペイメントなどが該当します。2桁の成長を長期間にわたって出し続ける優等生タイプで、年単位で綺麗な上昇トレンドのチャートを描くのが特徴です。

本書では一貫して変化が重要だと主張していますが、これらの銘柄は常にいい決算を出し続けるため、ある意味では変化が起きていないともいえます。なので、僕が苦手としているパターンでもあります。

こうした銘柄は、学校でいうところのテスト、すなわち決算で常に投資家の期待に応える満点を出すことを要求されています。すでに優等生であることは誰もが知っているので、期待が織り込まれた高いPERがついていることが多々あります。従って、ちょっとでもミスがあると大きな失望を買い、株価が暴落する危険性があり、投資家はその恐怖に怯えなければなりません。

しかし、いい結果を出し続けているのにはきちんと理由があるものです。それはビジネスの「仕組み」であり、その優位性が脅かされない限り、彼らはきちんと投資家の期待に応え続けます。なので、「割高だ、将来を織り込み過ぎている」と言われたところから、さらに株価が何倍にもなっていきます。

このパターンのいいところは、途中からでも上昇に乗りやすいことです。反面、短期間に急騰することもないので、大きな果実を得るにはそれだけの長い期間、投資し続ける必要があります。

②のパターンは、①に当てはまる銘柄が悪い決算を出した時に起こります。ずっと学年トップだった優等生が2位に転落すると、「何かあったのかな?」と思いますよね。2位という成績自体はとてもすごいのに、なぜか心配されてしまう。株価もそんな反応を示します。このパターンで利益を得るには空売りのアイデアが必要です。

ただ、その期待外れの成績が一過性のものであれば、再び①の軌道に戻ることが可能です。たまたま風邪を引いて本調子じゃなかったということは起こるでしょうし、企業業績においてもそれに近いことは起こりえます。その場合、一時的に下がった株価が戻る過程で利益を得ることもできるでしょう。

③のパターンは、先ほどのラオックスのように、誰も期待していなかった銘柄が思いのほかよい数字を出した時に起こります。優等生がトップから2位に転落しただけで心配されるのと正反対で、赤点から70点になっただけでもスーパーサプライズ。周囲からは大喜びしてもらえます。

この時、株価はしばしば過激な反応を示します。それまで誰も投資していなかった銘柄に急に注目が集まるので、多くの場合は行き過ぎるし、その上昇に要する期間も短めです。短期間に大きなリターンが得られる反面、激しい値動きに耐える必要があり、乗り方次第では思わぬ損が出る可能性も覚悟しなければなりません。しかし、そうなることを事前に予想して仕込んでおければ、これほど儲かる投資のチャンスはありません。

「いつか上がる」ではなく、「いつ上がるか」

さて、先ほどの3つのパターンを理解した上で、投資タイミングに話を進めます。

僕が投資をやっていて常々思うのは、株を買うのは本当に簡単だということです。PERの低い株、成長が見込めそうな株を見つけて「何これ、安い！」と注文を出す。ここまでは誰にでもできます。

問題はそれを売る時です。あまり意識されていない方もいるかもしれませんが、投資の成果を評価する際には、時間もコストのひとつとして考えられます。買値から2倍で売れた投資があったとしても、利《り》食《ぐ》いまでに5年かかっていたとすると、1年あたりの利益は20％ということになります。

一方で、3カ月で10％の利益を出せた投資があれば、1年で40％のリターンが出ることになりますから、先ほどの5年で2倍よりも効率のいい投資だったという風に考えられるわけです。

多くの人は損をすることが悪いことだと考えているかもしれません。**でも本当に一番ダメなのは、上がりもせず下がりもせず、ただ時間だけが経過していってしまうことなのです。**

目論見が明確に外れ、これは損切りしたほうがいいなという判断ができるなら、また次の新しいアイデアを考えて取り返せばいいので、それはそれでいいのです。

しかし、買ってから何も動きがなかったというのでは、少なくとも株価的には次の行動を起こすための材料がないわけですから、ポジションの動かしようがありません。その間にも相場では次々に新しい動きが出ているのに、そういう動かない株に資金を拘束されていることによって、みすみす機会を逃すことになってしまいます。

なので、僕が新規に投資をする時には、その株が「いつ上がるか」ということを必ず想定してから入ります。もちろん、「この株価で買っておけばいつか上がるだろう」という考え方も否定はしませんが、「勝つ投資」を目指す上ではご法度です。

狙いどおりの業績が出てきても、それが先ほどの3つのパターンの起点にならなければ、それも目論見が外れたうちに入ります。自分の中では「素晴らしい決算だ！やはりこの企業は期待できる」と思えても、それが他の投資家には共感されない、独りよがりな妄想である可能性ももちろんあり、その場合は株価はついてきません。

そうなった時は、なぜ評価されなかったのかをよく考えて、さらに次の決算まで待つか、あるいは諦めるかの判断をします。この時、株価が含み益か否かは関係ありません。上がるはずだと思えば持ち続ければいいし、やっぱり違ったかもしれないと思ったら売る。それ以外の選択肢はないのです。

ストーリーはなるべくシンプルに

そう考えると、株価上昇のストーリーはなるべくシンプルなものがいいということになります。

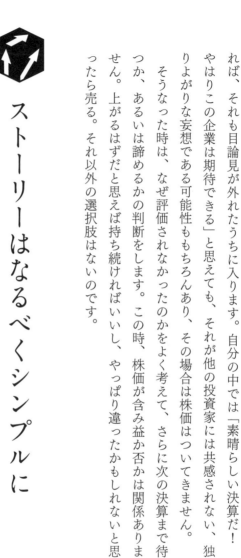

その昔、企業が持つ土地の含み益に着目した「含み資産相場」というのがありましたが、あれは投資ファンドが実際にいくつかの企業の株を買い集めて世間の注目を集めたことにより、「提灯買い」が大量について引き起こされたものだと考えています。

どんなに含み資産があっても企業にそれを有効活用しようという意思がなければ株価に反映させることはできませんが、ファンドの介入によってそれが実現されるかもしれないという期待が生まれたために、株価が動いたわけです。そのようなことでもなければ、含み資産があるというだけではなかなか株価は上がってくれません。その企業に莫大な含み資産があるなんてことは、普通の人は知らないし調べようともしないからです。

その点、スマホゲームのランキングは実にわかりやすい指標といえます。毎日更新されるアップルやグーグルのアプリストアでランキングの上位に来ているゲームの企業はとてつもない利益を叩き出しています。そんな株式市場における新ルールをガンホーやミクシィが示したために、多くの人がゲームのランキングに着目するようになりました。

［提灯買い］仕手筋やインターネットの情報などを手掛かりに、特に裏づけがないまま株式を買うこと。

その結果、何が起こったかというと、「ゲームの事前予約がスタートした」というだけで株価が上がるようになり、果ては「これからゲームをつくります」と発表するだけでストップ高になったりする珍現象が見られるようになりました。実際にはまったくユーザーがつかずに消えていくゲームだってたくさんあるのに、まだ出てもいないゲームの可能性を織り込んで株価が上がるようになってしまったのです。

これはあまりにも行き過ぎた事例ですが、わかりやすい話というのはそういうことで、**誰が考えてもそうなるだろうなというストーリーを提示できる企業の株は素直に上がっていきます。**逆に、決算の数字の細かいところをこねくり回してようやく浮かび上がってくるようなマニアックなアイデアは、理解してもらうのに時間がかかり過ぎてしまうことがあります。

株価を動かす原動力となるイベントや材料のことを「カタリスト」といいますが、投資の際はどれだけわかりやすく、他の投資家に刺さるカタリストを提示できるのかということは常に考えておいたほうがよいでしょう。

アイデアを多数持つことで塩漬けを回避する

目論見が外れたらポジションを外すといいましたが、それが実行しにくい理由のひとつに「銘柄へのこだわり」があると思います。時間を使って調べ上げ、買う時には絶対に上がると思った投資アイデアですから、それを捨てるのはもったいないと思う気持ちは誰しもあるはずです。その時に重要となるのが、代替案をどれだけ持っているかということです。

ある銘柄がダメになったとしても、それと同じくらい優れた他の銘柄のことが頭の中にある人は、容易に乗り換えを検討できるはずです。

ところが、練りに練った唯一のアイデアが外れてしまった場合、次がないので、どうにかして今あるアイデアで押し切れないかと、その銘柄を持ち続ける理由を探してしまうのです。

そこで持ち続けた銘柄はたいていあまりよくない結果をもたらします。もし勝てたとしても、当初の目論見どおりにはいかなかった以上、時間的コストを余計に払うことになるのは間違いありません。

上がらない株、含み損の株を長く持ち続けることを「塩漬けにする」といいますが、日頃から常に新鮮な投資アイデアを求めるようにしておけば、塩漬け銘柄をつくるリスクは格段に抑えられるはずです。

たとえ含み益の銘柄を持っていたとしてもそのことに満足せず、もっとよい株、効率的に儲かる株があるかもしれないといつも考えながら取り組む姿勢が、失敗した時の二の矢、三の矢として機能することになるのです。

自分の都合でポジションを動かさない

損切りルールの取り扱いに関しては賛否両論あると思いますが、僕は買値からいくら下がったから売るという機械的なルールは設けていません。

基本的に、株価というのは絶えず揺れ動くので、どの瞬間が正しい状態なのかは誰にも判断できないものだと考えています。そもそも適正株価などというもの自体が存在しないという考え方もありますが、たとえば1カ月後に大幅な上方修正が発表されることになる銘柄の株価が売り込まれていたら、それは株価が間違っていたといって差し支えないでしょう。

後で振り返ってみて、理解できない「余計な下げだったな」という値動きは必ずあるものですが、たまたま買値が悪かった場合は機械的なルールによって「無用の損切り」をしてしまうことになりかねません。

含み損になりそうだったから売るとか、他で損が出たので利益の出ているポジションを決済するというのは、市場や銘柄とはまったく無関係な個別の都合の話です。そういう理由で、本来はもっと利益を生むはずの優良ポジションを外してしまっては資産は増えていきません。

トレーダータイプの投資家は一定程度の値幅の利益を積み上げていくことになるので、資産は直線を引いたように増えていきますが、ファンダメンタルズベースの中長期投資では2倍、3倍、時には5倍、10倍となるような少数の大成功ポジションによって階段状の資産増加を目指すことになります。

純粋なトレードなら機械的な損切りの重要性も高いと思いますが、僕のようにファンダメンタルズベースでやる場合は、当初想定したストーリーに狂いがないか、株価の大きな方向性が間違っていないかにだけ注意を払っておけばよく、それ以外の個人的な理由で大切なポジションを手放すようなことは極力すべきではありません。

ただし、これはあくまでも個別企業の要因であるということには気をつけなければなりません。木と森でいえば完全に木だけを見ている状態です。

どんなに優秀な企業であっても、金融危機などが発生して経済全体が冷え込めば、減収になることは避けられません。そうなると投資家のリスクポジション圧縮も手伝って、株価は大きな調整を強いられるでしょう。そのような事態が起きることが懸念される場合には、個別でどんなによい銘柄でも、逃げ出さなければならないこともあります。

信じることは疑うことをやめること

だからといって、盲目的に銘柄を信じて損切りせずに長期保有すればいいということでもありません。

「信じることは疑うことをやめること」。これは僕の敬愛する偉大な個人投資家の名言ですが、投資においては疑うことをやめた瞬間に大損へのカウントダウンが始まっています。

本当にこの銘柄でいいのか？　今考えているストーリーに穴はなかったか？　という疑いは常に持ち、それをチェックし続ける態度は崩すべきではありません。いい企業だと信じているからこそ、徹底的に疑って調べ上げ、「やっぱり何も問題はなかった。さすが自分がいいと信じた企業だ」という結論を得る。これが、投資先を本当に信頼するために必要な姿勢なのだと思います。そこまでやっていれば、多少の下落があっても落ち着いて構えていられるようになります。

ただ、どんなにきちんと調べ切ったつもりでも、その調べ方に誤りがあったり、そこから導いた結論が間違っている恐れは当然に考慮すべきです。

株価が予想以上に下落した時は、他の投資家が何らかのリスクを感じて投げている可能性が高いので、その背景をとにかく調べます。

結局、投資家にできることはそれしかありません。そこで納得の行く理由が見つかればいいのですが、もし見つからなかった場合、自分には掴みきれていない悪材料によって株価が下落している可能性があります。

東日本大震災の直後、太陽光発電関連の企業が業績を伸ばすのではないかと考えて、ある製造装置メーカーの株を買ったことがありました。実際に業績も好調で、複数の原発が止まってしまった日本での今後の太陽光発電の需要を考えれば、株価はますます上がっていって当然のように思えました。ところが、途中までは順調に行っていたものの、ある時から予想に反するきつい売りを浴びるようになり、株価は下落に転じ始めたのです。

その売られ方があまりにも恐怖を感じるものだったため、僕は止むなく損切りしました。非常に自信のあるアイデアで、それをブログで公開していたこともあって、降りる時には大きな決断を伴いました。それでも、この売られ方はおかし過ぎるという自分の直感を優先したのです。

後でわかったことですが、実は当時、世界的には太陽光パネルの生産能力はかなりの過剰になっていて、バブル崩壊の様相を呈していました。日本では震災を受けて再生エネルギーがにわかに注目を浴びていましたが、新たに製造装置を買う顧客はほとんどいない状況だったのです。

その証拠に、太陽光パネルの原材料となるポリシリコンのスポット価格が暴落していました。その銘柄を買っている最中に僕は気がつかなかったのですが、恐らく機関投資家やヘッジファンドのプロたちは当然のようにそのことを知っていたのでしょう。そんな状態で個人投資家の勘違い買いが入ってきたら、喜んで空売りをしたに違いありません。

このように、一見よさそうなアイデアでも、自分の知識や経験不足が原因でとんでもない落とし穴にハマり込んでしまうこともあります。下がっている株価に耐える時は、耐えるべきだと断定するに値する十分な裏づけが取れた時だけにしたほうがよいでしょう。

チャンスは平等にはやってこない

大きく勝つには個別銘柄の選択術も大事ですが、チャンスに対して大胆にリスクを取っていくことも同じぐらいに大切です。２倍、３倍となることが高い確率で見込まれる銘柄に対して、全体の10％の資金量しか投入しなければ、上手くいったとしても資産は１割から２割しか増えません。

単なる運否天賦《うんぷてんぷ》、コインの裏表のようなギャンブルではなく、緻密な調査と分析に裏打ちされた割のいい勝負であれば、相応のリスク量を取るべきだと僕は考えます。

なぜなら、そのような投資の機会は決していつでも巡ってくるものではないからです。３年で株価指数が２倍以上になるような大相場は、過去40年でも80年代後半のバブル相場と２０１３年のアベノミクス相場、コロナ・ショックからの復活の三度しか例がありません。こういう時期に相場を張れている人は、それだけでも大変な幸運だと考えるべきです。

バブルの頂点に投資を始めたような人は、その後20年以上にわたる長期下落相場を経験することになりました。特に90年代前半の強烈な下げ局面では、株で儲けるチャンスは本当にほとんどなかったのではないかと想像します。

たまたま今がいい時期なだけであって、次にいつそのような冬の時代が訪れるとも限りません。市場はいつでも開いているというのは事実ですが、市場で儲ける機会は常にあるというのは真ではないでしょう。

であれば、限りある機会の中でも、これはと思うところに対しては、多少大きな損失が出ることを覚悟してでもリスクを取ったほうが、トータルではリスクコントロールが効いているのではないかとも思うのです。

僕のように死ぬまで相場を続けていたいという人は稀で、普通はこれぐらいまで増やしたら安定運用に移行したいとか、不動産に換えてしまいたいという考えがあると思います。つまり、ダラダラといつまでも市場にリスクマネーを晒しておく必要には迫られておらず、仮にある時期に大きく稼ぎ切ってしまったらそれで抜けられるわけです。

若くして億を稼いだ投資家の話を聞くと、まだ資産がそこまで大きくなかった頃には、一気に時間を縮めるようなジャンプ・アップとなる勝負に成功しているケースが結構あるように感じます。

もちろん、90年代前半のような相場でそれを目指したら間違いなく退場することになるでしょうから、時期の見極めは大切ですが、行く時には行くという考え方もある程度は必要なのではないでしょうか。

そんなわけで、僕は安易な銘柄分散はおすすめしません。これは、ハイリスク・ハイリターンを許容できる個人投資家だからこそ取りうる戦略でもあります。

自信を積み上げて勝負する

そうはいっても、闇雲に勝負をしていたらあっという間に資産がなくなってしまうので、そのためには準備が必要です。

僕がやっていたのは、カジノのチップのように小さなリスクでの勝ち額を積み上げて、ここぞという時にそれをオール・インするというやり方です。

この時に積み上がるのは勝ち額だけではなく、自分の投資判断に対する「自信」も同時に高まっていきます。人間の心は弱いもので、少し上手くいくとすぐに調子に乗る代わりに、負けが込み始めると途端に怖くなって弱気になってしまいます。そうするとどうなるかというと、行くべき時に入れずに後追いのエントリーが増えて、耐えるべき時に耐えられない狼狽の損切りが頻発し出します。それでますます勝てない負のスパイラルに陥ってしまうのです。

ここから抜け出すには、勝負金額を小さくして恐怖を取り払い、まずは正常な判断を取り戻すことです。負けても大したことのない額だと思えば、さすがに本来のやり方ができるようになるので、その状態で自分はちゃんとやれば勝てるのだということを自分自身に思い出させてやるのです。

もしそれでも勝てなければ、メンタルの問題ではなく技術的な問題かもしれないので、修正が必要です。

それで成功体験を積み重ねて上手くいく感覚を取り戻し、判断が冴え渡ってきたと思ったら、次に来たチャンスでは勝負に行きます。ここではそれまでの利益が多少なりとも積み上がっていますから、失敗してもそれがなくなって元に戻るだけ、と思える程度のリスク量で入ります。

そこで勝つことができたら儲けもの。その利益を担保にして、さらに次の大きな機会をうかがいます。もちろん、どうでもいいリスクを取ってはいけません。あくまでも「これは行ける」と本当に思えるものにしか手を出さないことです。

そうやって、上手くいっている間はとことん図に乗って勝負を繰り返していくのが僕のやり方です。

不思議なもので、上手くいっている時は何をやっても上手くいきそうな気がするし、そう思えている精神状態が鋭い判断と決断をもたらして、よい結果に結びつきます。ミスをしたとしてもクヨクヨしたり悪いポジションにこだわったりせず、次で取り返せばいいのだからと冷静に撤退して浅い傷で済ませることができます。

むろん、このような状態は永続するものではなく非常に貴重なので、そういう時期に勝てるだけ勝ち切ってしまおうというのが僕なりのリスクに対する考え方です。

気をつけたいのは、「夢から覚めた時に、きちんとまた積み上げ直すところから始められるかどうか」です。大きな勝ちを得ることに慣れてしまうと、なかなか慎重なロットに戻れなかったりするので、そこだけはしっかりと気持ちを切り替えないと危険です。

［ロット］ここでは、取引の発注単位のことを指す。

普遍的な手法というものは存在しない

さて、ここまで僕の投資に対する考え方やリスクの取り方、いくつかの具体的な手法について書いてきましたが、序章でもお伝えしたように、これはあくまでも僕という人間がこれまでの体験から得られたものについて書き出したに過ぎません。

でも、投資は美人投票だとか、損切りは大事だとか、チャートの見方はこうだとか、そういった通り一遍のお話であれば、すでにそれらを解説する良書がありますし、一般論の部分も多くなるので、わざわざ僕がこうして本という形でお伝えする必要はないと思います。

それに、これもくどいようですが、投資のやり方は本当に人それぞれです。みな、違う人間なのだから、ある人のやり方を丸々コピーして応用することもできません。この人のこういう手法はとても参考になるけど、チャートの見方についてはちょっと僕と違うな、というのがあってよいと思います。さまざまな考え方を取り込みながら自分のオリジナルというものを確立していってください。

そこでぜひ覚えていただきたいのは、これさえあれば誰でもどんな相場でも勝ち続けられるという普遍的な手法というものは存在しないということです。そんなものがあればいいなと願う気持ちはわからなくもないですが、残念ながら存在しないし、だからこそ勝つ人と負ける人がいて、そこに投資の機会が存在します。

食事の席でも、ご飯には箸、パスタにはフォーク、ステーキにはナイフと使う食器を使い分けるように、その時々の相場によって効く手法と効かない手法があります。ひと通りのやり方を覚えれば初心者を脱して中級者にはなれますが、真の上級者は「今はどのやり方が有効な相場なのか」を常に考えて、最適なアプローチに切り替えることができます。その相場の変化に対する嗅覚や対応力が、勝ち続けられる人とそうでない人を分け隔てる部分なのではないかと思います。

何のために投資をしているのか

「なんだか怖そう」。投資をやっていない人が株に抱いているイメージのほとんどはこれだと思います。それを乗り越えて、損をする可能性も覚悟してまで、僕たちが投資をしているのは何のためでしょうか？

ちょっとした買い物や食事の際に、値段を気にしない程度のゆとりが欲しいという人。年に何カ月か好きな海外で暮らすための資金が目的の人。老後のための資産運用と考えている人。とにかく稼いで豪遊したい人。株をやること自体が楽しいという人。

これは十人十色で理由が存在すると思いますが、投資を本格的に始めるにあたっては、ここをある程度、明確にしておいたほうがよいかもしれません。というのも、その人が目指す投資のリターンは、自分の望むゴールまでの距離からの逆算によって求められるからです。

僕の場合は人やベンチャー企業などへの投資を通じ、稼いだお金を使って世の中に貢献したいという明確な目的が今でこそできましたが、最初は株で儲けて何かをしたいというわけではなく、株で勝つことそのものが楽しいと思ってやっていたので、特にゴール的なものはありませんでした。それゆえに高いリスクを取ることも、ものともしなかったところがあるのですが、人に話を聞いてみると、意外と具体的な目標を持っている方も多いようで、そちらのほうが健全な投資ができると思います。

僕が株を始めたのは2005年のことですが、それから20年弱で最も変わったのはブログやソーシャルネットワークの普及による情報の流れ方です。それこそインターネット以前は、相場といえば一人孤独に戦っていたのかもしれなかったものが、今やX（旧ツイッター）などで簡単に株仲間を探すことができます。

それ自体はとてもいいことなのですが、他人の投資成績が垣間見えることによっていろいろ悩んでしまう人もいるようで、これはある意味での弊害といえるかも知れません。人間ですから、比べてしまうのは仕方ないことです。

でもこう考えてみてはどうでしょうか。趣味で野球をやっている大人が、大谷翔平選手の華麗な活躍を見て、「ああ、自分はなんて下手くそなんだ……」と落ち込んだりするでしょうか？　そんなことはきっとないと思います。それと同じで、目指すゴール、なりたい投資家像から逆算して必要なリターンや投資スタイルが決まってくるのですから、そこに対して自分が必要なことをきちんとできていればそれでいいのです。

投資家としてメジャーリーグ級の活躍をしたければ、すべてを投げ打って投資に打ち込まなければならないでしょうし、たまの旅行に行ければそれで十分ということであれば、何よりも損をしないことを重視したリスク管理の徹底が大切になります。

誰のためでもなく自分のために投資をしているのですから、自分の求めるリターン、取るべきリスクはどこまでかをきちんと把握した上で、適切な努力を行い、投資との最適な距離感を保ちながら続けていくことが大切です。

必要以上にリスクを取り、株に心を乱されて仕事に支障が出たり、穏やかな日常生活が送れなくなってしまっては元も子もないのです。

第2部

［負けない投資編］

機関投資家

小松原 周

ＴＯＰＩＸなどの指標に対して「不敗」のファンドマネージャー。

さまざまなプレッシャーの中で、結果を出し続けるために何をしてきたのか？

第2部では、機関投資家である小松原氏が「株式とは何か？」といった基本から、銘柄選定、ポートフォリオの組み方まで「負けない投資」を伝えます。

第4章

株式投資のキホン

マーケットが暴落しても心配ない投資とは？

２００８年9月15日、米国の大手証券会社であるリーマンブラザーズが破綻しました。世にいう、リーマン・ショックです。

今でも憶えているのですが、私はその日、地方にある某上場企業の工場に出向き、工場見学をしていました。現場の工場長との会話に夢中になっていたせいで、しばらく気づかなかったのですが、ふと自分の携帯電話を見ると、会社から何度も着信が入っていました。そこで折り返し電話を掛けてみると、会社のスタッフが慌てながら、「日経平均株価が１０００円以上も下げています。大至急戻ってきてください」というのです。

しかし私は、「なんだ、そんなことか。もっと重要なことかと思ったよ。ビックリした」と返して、そのまま工場見学を続けることにしました。これは別に自分の職責を放棄しているわけではなく、何もする必要がないと判断したので、そのままでいたということです。

私はさまざまな観点から企業を見て、熟考に熟考を重ねた上で投資銘柄を選別しています。その時の私にとっては、ショックが発生して相場が崩れるのをただ眺めているよりも、現場の工場を視察して、その企業の競争力をできるだけ正確に理解することのほうが、遥かに重要度が高かったということです。

投資している企業の成長ストーリー（業績予想）が変わらない限り、企業価値（目標株価）は変わらない。よって足下の株価が下落しているからといって、見方が変わることはない――。

本物のアクティブマネージャーの思考回路とは、そういうものなのです。

工場見学を終えると、その日は近くのホテルに宿泊しました。そこでPCを立ち上げてさまざまな情報収集をしているうちに、世界の金融市場で起きている事態が、ただならぬものであることを確信し、さすがに動揺しました。

ただ、実際に私が運用していたファンドのパフォーマンスはというと、確かにファンドの基準価額そのものは大きく下がりましたが、ベンチマークである東証株価指数（TOPIX）との比較で見ると、大勝していました。

私が投資している企業は、選りすぐりの競争力の高い企業たちです。目を閉じて、彼らの事業を頭の中で一つひとつ思い浮かべ、再点検していると、不思議と私の心は自信で満ち溢れてきました。

「これから見たこともないような市場の混乱が起こると思います。しかし当ファンドは、これを受けての追加的なアクションを取る予定はありません。お客様には最良の結果を残すことができるとお伝えください」と、私はスタッフにメールをしました。

私は機関投資家ですので、個人投資家とはやや置かれている状況が異なります。機

［基準価額］投資信託の値段のこと。

関投資家にも、個人投資家にも、それぞれに有利な点と不利な点があり、結局どちらのほうが勝てるのかと聞かれると、実は明確な答えはありません。ただ、ひとついえることは、どちらであっても「投資家」である限り、最低限知らなければならない知識が存在するということです。

ここでは私から読者のみなさんに、それらをシェアさせていただこうと思います。

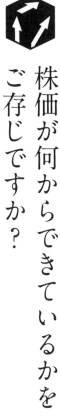

株価が何からできているかをご存じですか？

この章では、基本的なことから説明していきます。株価は何からできているのか、おそらく多くの個人投資家の方はご存じないと思います。

株価とは、別の難しい言葉で表現すると、「時価総額」「企業価値」などに置き換えることができます。

学術上は、将来に稼ぐ現金、いわゆるキャッシュフローを、今の価格に割引いた時の価格が「理論株価」になります。その理論株価を常に大勢の投資家が見極めていて、実際の株価が理論株価よりも安ければ買いますし、高ければ売るといったことを繰り返しています。それによって、市場の需給バランスが形成され、日々株価が変動するのです。

そのことを、まず知ってほしいと思います。**過去の実績をバックテストして検証しても、非常に見事としかいいようがないのですが、この計算に基づいて算出された理論株価と実際の株価は、実はほとんどずれません。**

もちろん、時々はオーバーシュートといって、実際の株価が理論株価の上をいくこともあります。でも、結局は、キャッシュフローを現在の価値に割引いた理論株価へと**収れん**していきます。その事実を知っているのと知らないのでは、大きな違いがあります。

［**収れん**］複数の異なる性質・指標などを持っている状況から、同質化・同等化・相似化が進むこと。

私が日々、ファンドマネージャーとして物凄いプレッシャーの中でも自分自身をマネジメントできているのは、投資している企業が将来どのくらいの現金を稼ぐ力を持っているかを、自分なりにイメージできているからです。

理論株価は簡単に計算できる

早速ですが、問題です。といっても、正解できなかったからといって落ち込む必要はまったくありません。おそらく、大半の個人投資家は、ここまで見て投資をしてはいないはずです……。

多くの人にとって、債券価格はあまり馴染みがないかと思いますが、ちょっと我慢して読み進めてください。「複雑過ぎてわからない！」と思ったら読み飛ばして、時間のあるときにじっくり考えてみてください（高校数学の初級レベルですし、エクセルで簡単に計算できるものです）。

今から5年間、毎年3円のクーポン（配当）を受け取れる債券が、最終利回り３％で販売されていたとします。さて、この債券の現在の価格はいくらでしょうか？

これを式で示してみると次ページの図のようになります。

分子は投資家が受け取るお金です。この場合、毎年３円のクーポンと呼ばれる配当金のようなものが定期的に入ってきますが、最後の５年目には元本である１００円も戻ってきます。

これに対して分母は、この債券を５年間保有した場合の最終利回りを入れます。最終利回りは、この事例だと１年あたり３％なので、「1・03」という数字を用います。これはその債券固有のリスクや将来のインフレ率予想などから導出されたもので、１年という時間の経過に対して投資家が求める対価のようなものです。つまり次の計算式は、分子のキャッシュフローを分母の最終利回りで割ることによって、現在の価値を求めていこうというものです。

それぞれの式から導かれた答えを足していくと、１００になります。つまり現在価値は100円ということです。

この計算式は、決して債券の現在価値を求めるためだけでなく、株式や不動産、事業プロジェクトなど、お金を生む資産のすべてに当てはめ、将来に発生すると期待されるキャッシュフローを現在の価値に換算し、金融資産の理論価格を計算できる汎用的なものです。

これと同じ考え方で、株式の理論価格を求める方法はいくつかありますが、ここでは最もシンプルな配当割引モデル（Dividend Discount Model）をご紹介します。

債券の現在価格を求める計算式

1年目 …… $\frac{3}{1.03} = 2.912621$

2年目 …… $\frac{3}{(1.03)^2} = 2.827788$

3年目 …… $\frac{3}{(1.03)^3} = 2.745425$

4年目 …… $\frac{3}{(1.03)^4} = 2.665461$

5年目 …… $\frac{3+100}{(1.03)^5} = 88.848705$

前述した債券の現在価値を計算する場合、分子に毎年受け取るクーポンの金額を入れました。これに対して株式の場合は、企業が将来支払う配当金の予想を入れます。ただし、困ったことに株式の場合は、債券と違って償還期限がありません。債券の場合は、決められた最終年度に元本である100円が還ってきますが、株式の場合は償還期限がないので、別の数字を入れる必要があります。そこで株式の配当の場合は、この部分に（配当額÷割引率）で計算した数値を置きます。この式は、永久に一定の配当が続くと仮定した場合の現在価値を求める公式です。

仮に今期末の予想配当が5円の会社が、今後毎年5％ずつ成長したとしましょう。そして5年目以降は成長が止まり、その後は一定の配当を支払うとします。分母の割引率を6％とした場合、この株式の妥当な理論価格は次ページの図のように102・62円になります。

配当金は、企業が現在置かれているステージや経営戦略、会計手法によってバラつきがあるため、配当金のみから企業価値を算出することに違和感を持つ人もいます。

［割引率］今後得られる収益や対象物の将来における価値を現在価値に換算する時に用いる値。

このような考えから、DCF（Discount Cash Flow Model）と呼ばれる、企業が実際に稼ぐ現金の予想から1株あたりの理論価値を求める方法もあり、プロの投資家などはこれを重視しています。ここでは紹介はしませんが、考え方は先述とまったく同じものです。

さて、バックテストを行うと、株価はこれらの割引モデルから導出された理論価値に結局は収れんすることが証明されています。

多くの投資家は、PERなどの指標を用いて、現在の株価が高い安いなどと論じていますが、これはある意味、

株式の現在価格を求める計算式

$$\frac{5}{1.06}+\frac{5(1.05)}{(1.06)^2}+\frac{5(1.05)^2}{(1.06)^3}+\frac{5(1.05)^3}{(1.06)^4}+\frac{5(1.05)^4+A)}{(1.06)^5}=102.62$$

※Aの部分に入る数字 $=\frac{5(1.05)^5}{0.06}=106.36$

不毛な議論といってもよいでしょう。なぜなら、日々の売買を通じて形成されている株価は、実はこの将来のキャッシュフローの現在価値に向かっているからです。つまり、現在の株価が割高か、割安かを議論するならば、**キャッシュフローから導き出される理論株価に対して、割高なのか、それとも割安なのかを議論するべきでしょう。**

前述したように、この手法はお金を生むすべての資産の現在価値の計算に使用されています。もちろん、分子のキャッシュフローを予想することは簡単ではありませんし、分母の割引率も変動します。ちなみに割引率は、前述の債券の最終利回りに相当するものですが、厳密には世界中のリスク資産の価格を反映して日々変動します。日本株の場合は過去平均で6％近辺にありました。つまり、分子の配当予想を6％の割引率で割り引けば、おおよその株価の理論値を知ることができます。

株式のバリュエーション（投資尺度）にはさまざまなものがありますが、私が特に参考にしているのは、このような割引モデルによって算出された理論的な株価です。市場でつく株価は、時にはこれらの理論株価から大きく乖離することはありますが、中長期的に高い確率で理論株価に収れんするという事実からは、プロの運用者として何よりも信頼できるバリュエーション手法であるといえるでしょう。

株式とは何でしょう？

さて、「株式とは何」かという根本的なことを、少し突っ込んで考えてみたいと思います。

株式の源流は地中海貿易で栄えたベネチアやジェノバにあるといわれています。危険な航海を伴う貿易船の費用を賄うために株式を発行し、出資者を募ったことが始まりでした。無事に航海から船が帰還した場合は、貿易で得た利益は株主に分配されますが、途中で遭難したり海賊に襲われて貿易ができなかったりした場合には、出資した金額は還ってきません。

このように、プロジェクトを執行する人と、プロジェクトから発生するリスク&リターンを、株式によって切り離すという発想は、実に画期的な仕組みであったといえるでしょう。現代に至っても、株式の性質は、これとまったく変わっていません。強いて違いをいえば、プロジェクト単位に株式が存在するのではなく、継続的に存在する会社という単位に株式が存在している点でしょう。

よく「会社の所有者は誰か?」という問いに対して、会社の所有者は社長であると思っている人がいますが、これは大きな間違いです。社長は、貿易船の船長のような存在であり、現場の執行を委託されただけの存在です。

「では社員?」と思われるかもしれませんが、社員は貿易船の乗組員のような存在であり、船長の命令を実行するだけです。

会社の所有者は株主です。お金を貸している銀行でもなければ、創業者でも、取引先でもなく、その会社の株を持っている人が、すべてを所有するオーナーになります。すべてを所有するのですから、社長を含めて人事を決定する権利も、会社が稼いだ利益も、あるいは会社そのものを売却したり、解散したりする権利も、すべてが株主に帰属します。
大きな会社は別だと思っている人がいるのですが、そのようなことはありません。株式会社である限りは会社の規模も関係ありません。トヨタ自動車の所有者は、トヨタ株の所有者ですから、もしもあなたがトヨタ株の51％を所有していれば、トヨタ自動車のすべてをコントロールすることが可能となります。株主総会で提案した議案のすべてを可決することができるからです。

上場企業は、そのように大切な株券が、お金を出せば誰でも市場で買えてしまう状態になっていることを意味します。資本市場における絶対的な力はお金であり、主義も主張も信念も、すべてはお金で表現するしか手段のない弱肉強食の世界です。

経営者から見たら、ある日突然、大株主が出現して会社を乗っ取りにくるかもしれません。そして自分たちが会社から追い出されるかもしれません。それを防ぐには、利益を上げ、株価を上げて、既存の株主が保有株を売らずに持ち続けてもらうようにするしかありません。上場企業は財務諸表を公開する義務があり、いわば経営者の通信簿が世間に公表されてしまうため、言い訳はできません。

このような上場企業の経営者に対する無言のプレッシャーは、ガバナンス（企業統治力）を高めることにつながり、健全な自由競争を促してくれます。上場企業は、新株を発行して市場から資金を調達できる権利を持っていますが、その対価として、情報を公開し、説明責任を求められ、成績が悪い場合には株主が経営に介入してきます。

残念ながら日本の上場企業の中には、株主からのプレッシャーを受けているとはとても思えないような会社が無数にあります。

●過半数の株を創業家一族や関係者が持ち、ガバナンスがまったく効いていない会社

●たくさんの余剰な現金を持ちながら、それを投資するでも配当などで株主に還すでもなく放置している会社

●事業戦略や将来の成長を投資家に約束していない会社

たとえ少額だとしても、その会社の株を買うとその会社のオーナーの一員になるわけですから、株式に投資する時は、ぜひ注意をしてみてください。上場企業であるにもかかわらず、市場の論理から逃避して目立たぬように息を潜めているような会社の中から、優秀な経営者や伸びる会社を見つけることなど、できるはずもありません。株主のほうを向いていない上場企業は、投資家として無視するに限ります。

きっとベネチアの最初の投資家たちも、どの船が頑丈で、どの船長の腕がよく、どの乗組員がよく働くか、いろいろな角度から値踏みをしていたに違いありません。ここでノウハウを蓄積した人たちが人一倍の成果を上げて、やがて大投資家と呼ばれるようになりました。現代の資本市場でも、同じことがいえます。どの船のオーナーになるのか、一つひとつの判断を大切にしていく勤勉さが、選ぶ側の投資家にも求められます。

投資家になるってどういうこと？

「投資家になる」というとなんだか仰々しく聞こえますが、証券会社に口座を開設し、お金を入れて、株式市場で株を買えば、その日から投資家になれます。

しかし、勝てる、あるいは負けない投資家になるのは簡単なことではありません。ここでは、投資家とはそもそもどのような存在であるのかを説明したいと思います。


みなさんは、日本が資本主義の国であることはご存じだと思います。資本主義とは、資本をもとにして事業を展開し、そこから新しい価値を創造していくことで国が豊かになり、国民が幸せになることを目指した社会のことをいいます。

投資という行為は、この資本の提供者となることを意味しています。事業を始めるためにお金を必要としている人は、銀行から融資を受けることだけが手段ではなく、投資家から直接お金を投資してもらうことで資金を得ることもできます。銀行融資のことを間接金融、投資家にお金を投資してもらうことを直接金融とも呼びますが、投資家とは、他ならぬこの直接金融の資金の出し手のことを指しています。

お金は、ただそこにあるだけでは新しい価値を生み出すことはできません。誰かの思いと結びつき、誰かが幸せになることの媒介となった時、新しい価値を生み出す力が生まれます。綺麗ごとではなく、儲かる話は必ずこのようなところに存在するものなのです。

たとえばAさんが、富裕層向けの育児代行サービスを立ち上げる資金を投資家に募ったとしましょう。

投資家はAさんの事業に対する思いを聞き、そして成功すると信じた場合に、Aさんへ資金を提供します。結果的に、事業が顧客から支持を得て利益を上げることができれば、投資家はその利益を得ることができます。ただ、事業が上手くいかずに倒産してしまったら、投資家が投じた資金は戻ってきません。

銀行は不確定要素の多い事業に対しては融資をしてくれません。高いリスクを取れないので、リターンも貸したお金の金利部分に留まります。

しかし投資家は、自らの意志で事業者の思いを汲み取り、リスクを取ることができます。高いリスクを取っている分、事業で得られた利益はすべて投資家に帰属するため、リターンは大きく、アップサイドは青天井に広がっていきます。

株式市場や債券市場などを総称して「資本市場」と呼びますが、資本市場とはこのように思いのある事業者と、それに対してリスクを取り、お金を提供してくれる不特定多数の投資家を結びつける機能を果たしています。株式市場で株を買う行為は、先ほどのAさんへ投資することに相当しています。

もちろん投資家はボランティアで**リスクマネー**を提供するわけではありません。あくまでも、事業が成功してリターンを得ることを目的として投資をします。

それでも、最終的なリスクを投資家が引き受けてくれることが、事業者としてはどれほど心強いことか、想像に難くないと思います。投資家とはそういった人の熱い思いを評価し、共に歩んでくれる正義のヒーローのような存在なのです。

［**リスクマネー**］株式など高いリスクを伴いながら、高い運用収益が求められる投資へ投入される資金のこと。

私もその昔、誰もが見捨てた上場企業の社長と面談をし、大量のリスクマネーを投じたことがあります。調査を重ねた後に、その会社がダメになってしまった理由は、サービスの競争力が低下したのではなく、以前の経営者の怠慢によるものであると考え、新しい経営陣による事業再建計画は成功すると信じることにしました。

我々の組織が市場でその会社の株式を大量に買い、大株主として名前が登場すると、市場参加者たちは大きな驚きを持って受け止めました。それは我々が確固たる自信を持って、その会社の価値が割安に放置されていると考えていることを意味していたからです。これがキッカケとなって、それまで聞く耳を持っていなかった他の投資家たちも、改めてその会社を再評価するようになりました。

後日、その社長から電話があり、受話器を取ると、彼は涙ながらにこういいました。

「ありがとうございます。私たちは必ず生まれ変わります。生まれ変わることを約束します」

社長からすれば、自分を信じてリスクを取ってくれた投資家がいたことが、よほど嬉しかったのでしょう。

それから3年後、会社は絵に描いたようなV字回復を遂げ、当初の再建計画を大幅に前倒しして復活に成功しました。我々はそれを見届けると、市場で株をゆっくりと売却していきイグジットしました。**その時の株価は、我々が投資した金額の実に5倍になっていたのです。**

みなさんも、自分以外の誰かの思いに対して、お金を投じてみてはいかがでしょうか？　その時に初めて、本物の投資家の第一歩を歩み始めたといえるでしょう。

「投機」と「投資」の違いとは？

簡単な問いに聞こえるかもしれませんが、右の問いに大多数の方は答えられないと思います。個人投資家向けセミナーや大学の講義で質問をしても、答えられる人はほとんどいません。

私は投資の社会的意義や、将来を予想して価値のギャップを見つけることの楽しさを説明したつもりでも、質問は毎回「どのようなルートで他人の知りえない情報を得ているのか」とか「何％上がったら利食えばよいのか」などばかりであり、日本では株式投資は未だに「投機」とみなされているのだな、と実感する出来事となりました。

もっとも、私も資産運用の仕事をするまで知らなかったように、それは無理もないことだと思います。

どのようにすればお金を稼げるのか、どのようにしてお金が世の中を回っているのか、あるいはやや哲学的に経済的な富と幸せとは何かなど、日本では学校でお金の知識を教えてくれません。

他の先進国の学生が、生きた経済の中で付加価値を生む術を学び、自ら考える習慣を身につけて社会へ出るのに対して、日本の学生はいわば丸腰の状態で社会人になり、世の中の仕組みを考える暇もなく「社畜」として生きるマインドセットを植え込まれてしまいます。

日本経済がイノベーションを失った理由は、こうした教育システムの弊害であるといってもよいかもしれません。

前置きが長くなりましたが、正解は、**投機とは「確率」にお金を投じること、投資とは「価値」にお金を投じることです。**

パチンコや競輪、競馬などのギャンブルへお金を投じるのは、「確率」に対してお金を賭けている状態であり、一定の確率で勝ち、一定の確率で負けるようにできていきます。

前述したように、パチンコ屋がなぜ経営を続けられるのかといえば、「お客さんの数×投入金額×確率」という方程式で、必ずお店の側が利益を上げられるようになっているからです。お客さんはパチンコをすればするほど、確実にパチンコ屋にお金を吸い取られることになります。他のギャンブルも同様です。

一方で、投資とは「価値」にお金を投じるものです。価値には絶対的なものはなく、需要と供給によって大きく変動します。需要が大きくなればなるほど、供給が小さくなればなるほど、価格の均衡点は高くなっていきます。

あなたがフリーマーケットで1万円で買った古い家具を、もしかしたら外国の古美術商が3万円で売って欲しいといってくるかもしれません。この差額の2万円は、価値に差が生じることで新たに創造された富であるということができます。

株式投資もこれとまったく同じことが当てはまります。あなたがA社の株を買った後で、株価が上がったとします。上がった理由は、A社の株をより高い値段を支払ってでも欲しい人が出現したからであり、上昇した差額は、価値の差に気づいて投資をしたあなたが得た、経済的な付加価値となるのです。

よく株式投資をギャンブルだと思っている人がいますが、その人たちは考え方を改めなければなりません。ギャンブルは40％の人が勝ったとしたら、60％の人が負けている、いわゆるゼロサムゲームと呼ばれる確率の話でしかありません。

一方で投資とは、需要と供給によって新たに生まれる「価値のギャップ＝富」を得るものであり、その実現益は当然GDP（国内総生産）にも計上されます。

A社が魅力のある製品を世に出し続けて、利益を右肩上がりに上昇させ続けたとします。するとよりA社の株を欲しがる人が増えていき、A社の株価も右肩上がりに上昇を続けます。この時、A社の株を買った人は、誰もが資産を増やしていることになります。右肩上がりにA社の株価が上昇している限り、どこで買って、どこで売っても、参加者は利益を得ることになるのです。

経済的な富とは、このような価値の上昇のことをいいます。リンゴを売って10円の利益を得ることと、株式価値が上昇して10円を得ることは、まったく同じことなのです。

日本において「お金儲けをしている人＝何か悪いことをしている人」という、間違った概念が根強く残っているのも、このような投資と投機の区別がついていないことや、そもそもの価値が何であるのかを知らないことが原因といえるでしょう。

みなさんは、価値のギャップを見つけて資産を増やしていく投資家と、不公平な確率に依存して資産を減らしていく投機家のどちらになりたいですか？　答えは明白ですね。

リスクとリターンのバランス感覚

リスクとリターンという2つの概念は、投資家として必須の「感性」であり、また精度が高まれば究極の奥義ともなり得る大変重要なものです。

投資の世界に限らず、すべての物事に共通していることですが、何かしらのリターン（報酬）を得るためには、それなりのリスクを投じなければなりません。野菜を育てるには、土地や労働を費やさなくてはなりませんし、希望した学校に入学するには、時間と精神力を費やさなければなりません。

もちろん意図した結果が得られないこともありますが、リスクを投じない限り、リターンを得られるようなことは絶対にありません。投資の世界においても、この法則はそのまま当てはまります。投資のリターンとは、株価などが上昇することで得られるものであることが容易に想像できるでしょう。

では、投資のリスクとは一体何でしょうか？

投資の世界ではリスクとは「振れ幅」のことをいいます。

たとえば、あなたがA社の株へ投資したとしましょう。この場合のリスクとは、A社の株価が日々上がったり下がったりする変動幅の大きさを指します。専門用語では、このことをボラティリティーと呼び、数学の確率を表す単位であるσ（シグマ）という記号で表現したりもします。

たとえばA社の株価が過去3年間で、平均的に上下20％の幅を振り子のように動いていたとします。この場合のボラティリティーは20％という言い方をします。あなたはA社の株式に1年前に投資をして、買った値段から15％上昇したところで売ったとしましょう。15％の株価の上昇を取れたので、一見すると勝ったようにも見えるのですが、リスクとリターンの観点から見ると、この投資による成果は、決していいとはいえません。

なぜなら、A社の株価は本来、上下に20％の変動幅を持っている株式であるため、

15％の変化とは、あくまでもこの振れ幅の範囲内のものでしかないということができます。15％の値幅を取ったのだから勝ちは勝ちと思われるかもしれませんが、あなたは平均20％のリスクを取っていたことを忘れてはいけません。もしかしたら、振り子が逆に振れて20％負けていたかもしれないのです。

このようなことを繰り返していると、結果的にどうなるでしょうか。そう、あなたの資産は確実に目減りしていきます。20％の振れ幅というリスクを負っておきながら、15％のリターンしか得られないことを繰り返していると、常に取るリスクに対して小さなリターンしか得ていないことになり、あなたは株式市場にお金を吸い取られてしまうことになるわけです。

投資の世界では、リスクとリターンは完全に表裏一体の存在です。**リスクという振れ幅の中からしか、リターンは生まれません。リターンには影のようにリスクがついてくるといってもいいかもしれません。**

巷でよくある「ノーリスクで５％の配当がもらえる」などの旨い話は、投資の世界では決して存在しません。ノーリスクで得られる超過収益は、理論的には必ずゼロになります。振れ幅のないところから得られるものは、何もないのです。

投資で勝てるかどうかは、背負うリスクに対してどれだけ大きなリターンを得られるかにかかっています。「振り子のように動くのならば、株価が下にいった時に買って、上にいった時に売ればよい」と思うかもしれませんが、困ったことに投資とは、それほど簡単ではありません。銘柄や環境によって、リスクとリターンの大きさは一定ではなく、常に変わっていくものなのです。

おおよそ株価の大きな変化は、過去とは違う変化を迎えた時に起こります。

ある日、A社の開発した新製品が高く評価され、たくさんの受注を得る見込みが出てきたため、株価は会社の業績アップの期待を織り込み10％上昇したとします。このようにリターンが大きくなれば、当然、リスクも従来の20％に比べて大きくなります。

その後、A社の新製品に対して、競合他社がよりよい製品の開発に成功してしまったら、リスクが増していた分、株価の下落幅も以前より大きくなります。一方で、A社の新製品に特別な競合もなく、長期的に受注を得られる見込みが立ってくれば、リスクは株価が上昇したまま自然と小さくなっていきます。

これがリスクに対して、多くのリターンを得るということです。会社の新たな変化によって、リスクを取っていた投資家は超過収益が得られるのです。

このケースではA社の新製品について述べましたが、会社を取り巻く環境には実に多くの要素があります。投資家は投資している資産に予期せぬ変化が起きた時、それがどのようにリスクとリターンのバランスを変化させるのかを判断しなくてはなりません。優秀な投資家は、このバランス感覚に優れています。

繰り返しになりますが、リスクとリターンのバランス感覚は、極めれば究極の奥義にもなるとても大切なものです。投資をしている限り失敗はつきものですが、失敗した時の投資案件を「リスクとリターンがどのように変化したのか」という観点から必ず考えるようにしましょう。このようにして失敗から学び、経験値を積み上げていくことで、投資家として成長できるようになります。

大化けする銘柄が眠る場所

まず、市場が効率的なものであるかどうかを知ることは、勝てる投資家になるためには必須の知識です。この論点は2013年にノーベル経済学賞を受賞したシカゴ大学のユージン・ファーマ教授が「効率的市場仮説（Efficient Market Hypothesis）」として、学術的な研究成果を上げたことでも有名ですが、一言でまとめると、市場がもしも完全に効率的であった場合、個別銘柄へ投資をしても勝つことはできないというものです。

どういうことかというと、A社の株価に影響を与えるような情報、たとえば「業績がこれからとてもよくなる」ということや、「増配などの株主還元の向上が発表される」など、未発表の情報を含むすべての情報は、現在の株価に織り込まれていることになります。

株式投資で勝つ時とは、その会社にポジティブな変化が起きることを事前に予想して、株価の上昇を待っている状態ですが、もしもこの仮説が正しいとしたら、そのような未来の変化も織り込んで現在の株価が形成されているわけですから、何をやっても勝てないことになります。

ただ、現実の世界では、この仮説のように市場は完全に効率的に機能しているわけではありません。

世界で最も効率的な市場はＮＹＳＥ（ニューヨーク市場）で、ロンドンや香港などがそれに続きます。企業の大きさによっても差があり、大型株になるほどに効率的で、小型株になるほどに情報の効率性が悪くなります。

これはどういうことかというと、売買に参加する投資家が多い、つまり出来高が多いほど、その銘柄についていろいろな情報が調べ尽くされて将来の予想がされているため、株価には「認識ギャップ」と呼ばれる、まだ織り込まれていない材料がなくなっていくのです。見た目は大きな肉でも、実際は骨ばかりで、食べられるところがほとんどないような状態といってもよいでしょう。

一方で、効率的ではない市場や、小型株のように参加者の少ない銘柄の場合、業績の上方修正などのポジティブなニュースが会社から開示されると、株価が素直に上昇したりします。その銘柄を見ている人が少ないため、本当の価値を分析し切れずに、割安に放置されているためです。つまり認識ギャップが大きく、そこから得られる価値のギャップがたくさん残されているのです。

私もウォール街で米国株のアクティブファンドをやっていた時は、このような情報の効率性に大変苦しみました。たとえば、キャタピラーのように誰もが知っているような大企業とのミーティングの場で、今後の受注展望や会社の戦略などをヒアリングしても、多くの投資家が同じようなミーティングをして同じ情報を得ているため、情報の差別化がまったくといっていいほどなかったのです。

当然、それらの情報に基づく会社の業績見通しは、すでに株価に織り込まれてしまっているので、認識ギャップが存在しない状態になっています。

これとは逆に日本株、特に中小型株などは、ウォッチしている投資家が少ないため、

情報の効率性がとても低い状態で放置されている銘柄が多数あります。このような会社を調査すると、投下した労力に対して認識ギャップを見つけやすく、利益を得やすいといえるでしょう。

証券会社の情報は完全に信用できるか？

このように、投資で勝つためには、できるだけ情報が非効率なところで戦ったほうがリターンを得やすいのです。しかし、世間一般ではこのようなことはあまり認知されていません。一体なぜでしょうか？

その理由は、証券会社の都合によるところが大きいと考えられます。証券会社は投資家と市場との間を仲介するブローカーですので、売買が成立（約定）すると、その金額に応じて手数料がもらえます。つまり証券会社は投資金額が大きく、頻繁に売買がされる大型株のほうが、より多くの手数料を稼げるため、小型株よりも大型株を顧客にすすめるようなインセンティブが働くのです。

事実、証券会社のアナリストが書くレポートは大型株ばかりですし、営業マンもそれらのレポートを用いて、顧客に大型株の売買を推奨してきます。彼らの推奨理由をよく見聞きすればわかりますが、その情報とは、すでに会社から発表されていたり、他で既出のデータなどを用いてそれっぽく書いていたりするだけであり、未来に対する深い考察や、独自の調査によって得られた情報などは、一切そこにはありません。つまり、すでに株価に織り込み済みの話を聞かされているだけなのです。

証券会社のアナリストレポートのいう通りに売買をすると、何と6割以上の確率で負けてしまうという実験データもあります。

「小型株は会社の信頼性が低い」とか、「ビジネスの競争力がなく、結局すぐに業績が悪化してしまう」など、小型株のデメリットも確かにありますが、それは証券会社の罠であると思って聞き流したほうが無難です。

小型株とはいえ上場企業ですので、信頼性の観点からは、大企業との差はそれほどありません。ビジネスの競争力がないというロジックは当てはまる場合もありますが、実は注目すべきはその裏側のロジックです。上昇余地の限られる大企業に投資するよりも、新しいビジネスを展開して、これから大企業になっていくような会社を見つけるのが投資の醍醐味です。

勝てる投資家として最も注力すべき部分は、情報が非効率的となっている市場や銘柄です。**情報が非効率な状態で投資を行い、やがてその銘柄が大型株となり、多くの投資家が注目するようになった時が売却のタイミングとなります。**決してその逆ではありません。

前述のファーマ教授の効率的市場仮説は、効率的な市場での個別銘柄の投資を否定する一方で、非効率な市場にこそ本当の価値のギャップが眠っていることを説くものとなっています。みなさんも投資をする際には、このことを心掛けるようにしてください。投資の世界は付和雷同していては勝利を得られません。一見するとリスクが少ない道のほうが、実はリスクが高いということです。

マクロデータは実はあまり重要ではない

『ブラジルに雨が降ったらスターバックスを買え』（ピーター・ナヴァロ／ダイヤモンド社／2002年）いう本がありましたが、これは「ブラジルで雨が降る↓コーヒー豆が豊作となる↓コーヒー豆の価格が下がる↓スターバックスの原価が下がる↓スターバックスの利益が上昇する↓株価が上昇する」ということが連想されるという格言です。

この格言が示唆するのは、会社の業績は世の中の動きと密接に結びついており、その変化を先取りして予想をしなければ、株式投資では勝てないということです。

確かにブラジルで雨が降ったというニュースが流れたくらいのタイミングで投資をしないと、特にスターバックスのような、情報の効率性が非常に高い銘柄で利益を得ることはできないでしょう。

もちろんこのような考え方は間違ってはいませんし、私が否定するものでもありません。ただ、現実的に考えると、そのようなニュースを一つひとつ追っていてもキリがありませんし、またスターバックスの業績は、何もコーヒー豆の値段が下がるからよくなるとは限りません。ちなみに、私はシアトルの本社まで取材に行くほど同社のことをよく知っていますが、彼らにとってコーヒー豆がコストに占める比率は非常に低く、業績に与えるインパクトは実はそれほど大きくありません。

株式投資をしていると、日々、いろいろなニュースが飛び込んできます。米国のISM指数が予想より上振れたとか、中国の石炭輸入が弱含《よわぶく》んでいるとか、日本の貿易統計がどうなったとか、挙げれば本当にキリがありません。

ただ、ここで注意しなければならないのは、そのようなマクロデータは、いわば会社の業績を計る上での外部要因に過ぎないということです。そのため株式投資を行う

［ISM指数］Institute for Supply Managementの略。製造業景況感指数のこと。

上で過度に意識をしないほうがよいと私は考えています。

たとえば住宅受注の統計データが予想よりも悪く、「景気に対して黄色信号」という意見が多くあったとします。確かに住宅受注などは景気に与えるインパクトも大きく、無視できないことではありますが、それが本当に景気悪化のシグナルであるかどうかを判断することはできません。ましてやそれが投資している会社の業績にどれほどのインパクトを与えるものなのかは、完全に未知数であることが多いのです。

マクロデータは発表された瞬間、為替などにすぐ反映されますが、事前にマクロデータの動向を予想することは不可能です。プロのエコノミストやストラテジストの予想であっても、ズバリ言い当て続けていることを、少なくとも私は見たことがありません。

それもそのはずで、国の統計のような大きな情報は、数え切れないファクターが折り重なった結果として方向性が表れてくるものであるため、１人の人間の頭脳で考えた程度では、とても捕捉できないのです。

つまり、投資を行う上で気をつけなければならないことは、「会社の業績にとっての外部的な要因は、あまり気にし過ぎないほうがよい」ということです。

確かに、情報の効率性が高い大企業ほど、マクロデータのような外部要因の影響を受け、業績は景気との連動性が高くなってきますが、前述のように、個別株で勝負をするならば、そのような株に注力するべきではありません。

一方で、規模の小さい中小型株なども、景気のような外部要因の影響は当然受けますが、新しい製品やサービスに競争力があり、ビジネスに勢いがある会社の場合は、まだ業界内のシェアも低く景気の波を押し切って成長を続けるようなケースが数多くあります。つまり、独自の内部要因としての成長力がある中小型株には、外部要因の逆風を払い除けるだけの力があるのです。

現に日本でネットサービスなどを展開している新興企業の中には、景気が長期低迷を続けていた日本においても、あるいは100年に一度といわれたリーマン・ショックに直面しても、まったく変わらずに業績を伸ばし続け、株価もまったく下がらなかった会社が、実はたくさんあります。

一方で、大型株は個別の内部要因よりも、リーマン・ショックによる不景気や金融システムの麻痺など外部要因の影響が大きく、すべてが投げ売りされ暴落しました。

私がみなさんにお伝えしたいことは、マクロデータなどの外部要因に一喜一憂して判断を変更するような投資を行っても、成果は上がらないということです。プロでも予想ができないマクロの予想について、どちらかの方向性を信じて投資を組み立ててしまうと、結局は丁半博打の投機になってしまいます。為替の短期トレードのように、「敗者のゲーム」に飲み込まれてしまうだけです。

そのようなスリリングな思いをするくらいであれば、個別の企業の開示情報やビジネスモデルを自分で調べたほうが、遥かに時間や労力、投入するリスクに対するリターンが高くなります。

第5章

プロはこうして銘柄を選ぶ

メガトレンドを探せ！

将来、大化けする会社を見つけるためには、まず世の中の大きな流れを感じることが大切です。

世の中の大きな流れといっても、マクロ経済がどうなるかとか、現在は景気の山の何合目にあるのかというようなことではありません。

ここでいう「大きな流れ」とは、そのような景気の循環とは別のところにある、世の中の根底を流れている潮流、いわゆる「メガトレンド」のことです。こうした潮流を見つけ、その流れから外れていない会社かどうかをチェックします。

会社は日々、厳しい競争にさらされています。最終的なお金の出し手である消費者や官公庁の目は厳しく、彼らはわずかでも安全・安心で、効率的で、楽しくて、そして安いものを求めています。**会社の栄枯盛衰はとても早く、世の中の大きな潮流に乗**

っていない会社は、市場の原理によって敗者となる恐れがあります。船長がどんなに優秀でも、逆風にある船は、順風にある船に敵わないのです。

メガトレンドとはどのようなものか、例として私が常日頃から感じているものをいくつか紹介します。

ＩＴ革命

インターネットに代表されるＩＴ革命です。今やあまりにも身近であり、それに順応し切っているために実感を持てない方もいるかもしれませんが、私たちはおそらく、18世紀半ばに起きた「産業革命」を超えるほどの大きな革命の、ほんの端緒にいると私は考えています。

半導体の微細化が急速に進んだおかげで、私たちはより安価で便利なデバイスやアプリケーションを手にすることができるようになりました。10年前に発売されたスマートフォンは、今では時代遅れで稼働すらしませんし、何万円もしたプロ向けの画像加工ソフトが、アプリケーションとして数百円で売られるようになっています。

ＰＣやスマートフォンの心臓部分にあたるＣＰＵ（中央演算処理装置）は、ロジック半導体と呼ばれるもので構成されています。最新のロジック半導体は、現時点ですでに限界かと思われるほどに細い線幅でトランジスタが描かれています。しかし、半導体業界のロードマップによると、半導体の微細化と高速化は少なくとも２０３５年頃まで続くことが示されています。つまり、現時点で当たり前のデバイスやＩＴ系のサービスは、10年後にはまったく新しい何かに置き換えられ、無価値になっている可能性が高いといえます。

この他、半導体の微細化は画像処理能力を飛躍的に向上させ、また通信インフラの高速化やデータセンターの発展ももたらしました。ガラケーのゲームが隆盛を極めた時代はすぐに終わり、今では高精細なグラフィックでオンライン対戦ゲームがプレイできるようになりました。生成ＡＩが普及すると、既存の仕事の効率性が一段と向上し、社会のあり方や価値観をも変革させていくでしょう。

このように広義のＩＴ革命は、間違いなくメガトレンドであるといえます。革命という名に相応しく、10年という時間軸は既存のものを根底から覆すほどの時代の力がありります。投資先の企業はこうした変化に適応できるだけの人材や組織の柔軟性を備えているかどうかが重要になってきます。

金融システム不安

もうひとつ、今度はやや違う切り口の大きな流れを挙げておきましょう。それは、リーマン・ショック後の金融についてです。

リーマン・ショックをきっかけとするバブル崩壊と、その後の危機的な経済状況を救済するために、日本銀行、ＦＲＢ（米国）、ＥＣＢ（ユーロ圏）、ＢＯＥ（イギリス）など主要国の中央銀行は、歴史上かつてないほどの金融緩和策を取り、バランスシートを膨らませました。

世界経済の中心である米国ＦＲＢのバランスシートを例に挙げると、リーマン・ショック後に5倍の大きさまで膨らみ、コロナ・ショック後にさらに2倍になりました。各中央銀行は景気が落ち着きを取り戻した際に金融引き締めを行い、バランスシートを縮小させていますが、実際にはそのスピードは極めて緩慢であり、そうこうしているうちに次の危機が到来して、結局バランスシートを膨張させ続けています。

世界の人々は、各中央銀行が無尽蔵に国債を買い取り、通貨の流通量を増大させ、経済的な危機を取り繕うようにしていることに不安を抱いています。事実、前例のない措置によって従来の経済学やファイナンス理論では説明のつかない現象を、相次いで引き起こしています。このため、金や土地、仮想通貨のような代替資産を保有しようとする動きが世界中で起きています。

このような金融システムに対する不安は、中長期的に続く大きな潮流のひとつだと思われます。どの会社も商売をする際には通貨で決済を行う以上、中央銀行の施策から完全に独立して存在することはできません。ということは、株式のみに投資するリスクは徐々に増していますし、株式の中でも銀行の借り入れに依存しているような会社や、自国のみで事業を展開しているような会社には、注意を払ったほうがよいと考えられます。

今の時代は、「国」であっても全面的に信頼できる時代ではなくなってしまっています。私たちは仮に日本経済が崩壊しても、自分の身は自分で守れるような自己防衛力が求められます。その意味でも、資産運用力を高めることは、とても重要です。

また、メガトレンドとまではいわなくとも、並行して小さなトレンドがいくつもあるので、私はそれも常にウォッチしています。大小問わず、誰よりも早くトレンドを掴み、誰よりも先にそれを銘柄に落とし込んでいくことが大事なのです。

ＩＴ革命と世界的な金融システム不安は、私が考える世の中の大きな流れの例ですが、みなさんが感じているトレンドにも重要なものがあるかもしれません。

投資をするにあたっては、日々のニュースや生活の中から感じる世の中の流れに逆らわないことが大切です。

好奇心さえあれば トレンドをつかめる

プロのファンドマネージャーは、どういう情報、ニュースソースに注目しているのかというと、実は一般に流通しているものを重視しています。証券会社のアナリストや、社内のアナリスト、外部研究機関などの援軍がいて、そこからもたらされる情報というのはもちろんあるのですが、自分自身でトレンドを見つけにいく時のニュースソースは、みなさんが日頃から接している情報源と、あまり変わりません。

たとえば雑誌であればビジネス系も含めて複数誌に目を通していますし、それぞれの業界関係者しか見ないような業界新聞などを読んでいます。インターネットになると情報量があまりにも多過ぎて、どれを見ればよいのか迷ってしまいますが、ネットサーフィンをしながら、今の流れを把握するのに役立ちそうなサイトを、いくつかチエックしておけばよいでしょう。

私の場合、たとえばゲーム業界の動向をチェックするためには「gamebiz」というサイトや、「VGChartz」という英文のサイトなどを見ています。ゲーム業界の場合はこれ、機械業界の場合はこれといったように、各業界に特化したさまざまなサイトをブックマークしており、手が空いている時にチェックをして、世の中の小さなトレンドをいち早く掴むようにしています。

点々とした情報を頭の中に入れておくことで、何か関連する情報が入ってきた時、その点と点がすっとつながる瞬間があります。こうしてひとつのトレンドの流れを掴むことができてくるのです。

トレンドを掴める人、掴めない人の決定的な違いは、「好奇心」の有無にあります。それは「何でも知りたい性」、要するに知性の問題です。学歴などはあまり関係がありません。この要素を持っていない人は、絶対といってよいくらい、投資には向いていません。

[VGChartz] https://www.vgchartz.com/　[gamebiz] https://gamebiz.jp/

これはプロの世界でもいえることで、中にはまったく好奇心など持ち合わせていないのに、優秀な学歴を持っているというだけでファンドマネージャーの世界に入ってきてしまうサラリーマン的な人がいます。そういう人は、まず生き残ることができず、クビになっていきます。

一方で、**長年にわたって生き残っているファンドマネージャーを見ると、やはり好奇心の塊のようで、常にワクワク感を持って仕事をしている人が多いのです。**そういう人と話していると、「そんなことまで調べているのか」と、驚いてしまうようなマニアックな情報まで調べていたりします。

投資したくなる会社とは？（社長編）

私はこれまでに数え切れないほどの会社を取材し、投資判断してきましたが、会社を見る上で最も重要なことは何かと問われれば、間違いなく「社長の質」と答えます。

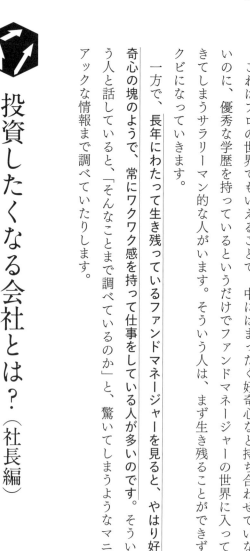

会社の業績が伸びるか伸びないかを決める要素の8割以上は、社長しだいといっても過言ではありません。

会社では、すべての意思決定を社長が行います。事業戦略も、財務戦略も、投資決定も、社員の成長やモチベーションも、すべては社長という1人の人間のセンスに依存しています。それ以外の役員や社員は、社長の決定を管理・執行するだけの存在です。いわば社長は舵を握る船長で、それ以外は全員が船員に過ぎません。どんなに大きな船でもこの構図は変わりません。

仮に一騎当千の優秀な社員がいたとしても、一時的な盛り上がりは個の力でつくれるかもしれませんが、戦局そのものは変えられません。逆に大将が優秀でさえあれば、圧倒的に無勢であっても勝利することは可能です。歴史上の人物を見ても、成功した指導者は共通して、意思決定が素早く適切で、思考に偏りがなく合理的で、その一方で人の心を奮い立たせてくれるカリスマ性を併せ持っています。一人の人間としては相反するような矛盾を内包しており、特殊な能力といえます。

会社は戦争をするわけではありませんが、競争に勝たなくてはならない組織体であり、トップには似たような素養が必要になってきます。残念ながら、日本では職業としての社長業というものがそれほど一般的ではなく、単にプロパー社員で一番出世した人や、親会社から天下ってきた人が社長になるシステムであることが多いため、社長の能力が要求される基準に達していないことが散見されます。このため、私は日本株に関しては社長と直接ミーティングをしない限り、その会社へ投資することは基本的にありません。

これとは対照的に、米国の場合には社長業のプロがいます。会社の業績が悪化してくると、株主やその意向を受けた指名委員会がその状況に適したプロの社長を探し出して、組織の建て直しを図ります。プロ社長の前職は、業種業界がまったく異なることもよくあることで、電子デバイスの会社の元社長が百貨店のトップになったり、商社の社長がアパレル企業のトップになったりということが、日常的に起こっています。社長に求められるものは業界の専門的な知識ではなく、イノベーティブな組織づくりなどのソフト面にあるためです。

仕事を引き受けた社長は、大量のストックオプションを報酬としてもらうことが多く、何よりも業績を上げて株価を上げるように会社を経営してくれます。株主と社長の利害がお互いに一致していることがポイントです。ストックオプションを渡すことは、既存の株主にとってはコストになりますが、業績を回復させてくれるのであれば安いものです。改革には事業売却や従業員のリストラなどの痛みを伴うことがありますが、上場企業である限りは利益を上げることが務めであるため、やむを得ないことです。

日本の上場企業の社長に決定的に足りないのは、このような「自分のボスが株主であり、代理人として経営を任されている」という意識です。社内で出世してトップになっただけのサラリーマン社長であれば、仕方のないことかもしれませんが、自分の代では何事もないように任期が終了するのを待つ、というような意識で仕事をしている社長も少なくありません。私の印象では日本の上場企業の7割ほどの会社の社長が、社長業としての責務をまっとうしていません。

一方、日本企業の中にも世界に誇れる優秀な社長はいらっしゃいます。

信越化学の中興の祖である故・金川千尋社長などはその好例といえるでしょう。信越化学は塩化ビニル樹脂や半導体の基盤となるシリコンウエハーなどにおいて世界一のシェアを持つ会社ですが、金川社長でなければ、信越化学という世界に誇る日本の化学企業はなかったといっても過言ではありません。社長は腕利きの営業マンであり、未来を見据えた事業投資の天才であり、緻密な財務担当者であり、会社のビジョンを示すリーダーでもありました。

同社は、どの事業に投資をしていくかを考える時、中長期的な世の中の流れをよく分析し、その中で世界の人々が必要とするものは何かという視点で、選択と集中を図ってきました。一見すると、差別化を図りにくい塩化ビニルという汎用樹脂であっても、金川社長は自社のモノづくりの効率性と研究開発力、そして人材の優秀さを考慮した時、世界一になれることを確信し、後発でありながら大型の投資に踏み切り、やがて圧倒的な世界トップのシェアと収益性を持つに至ったのです。

信越化学は、そのようにして数多くの必需品の素材において世界トップのシェアを有しており、私たちの生活を支えています。事業を進める上で困難に立ち向かうと、いつも社長自らが先頭に立ち、現場を鼓舞する一方、世界中の工場や営業から上がってくる数字をすべて日次でチェックし、わずかな数字の違和感から、誰よりも早く世界経済の異変に気づき、対処していました。世界広しといえども、日次でグループ全体の営業利益を計算できる会社は、信越化学しかありません。これらの金川社長の築いた経営手法や企業文化は、次世代に受け継がれています。

このような会社であれば、投資家も安心して長期保有を続けることができるというものです。

以上のように、会社を見る時にはトップがどのような人物かを必ずチェックするようにしましょう。社長の経歴は有価証券報告書のような公式文書やネットで調べられますし、会社のウェブサイトを参照すれば、社長メッセージや決算説明会などの動画も見られます。

調べても、何ひとつ社長の人となりを知る手段が見つからなければ、株主のほうを向いていない会社といえるので、投資をする必要はありません。これもある意味で重要な情報となります。

投資したくなる会社とは？（組織編）

前述の経営トップの仕事のうち、最も重要な仕事のひとつは強い組織をつくることにあります。ですので、社長がきちんと仕事をしているか、あるいは経営的なセンスがあるかを確認する上でも、その会社がどのような組織であるのかをチェックします。

強い組織の定義にはいろいろなものがあるでしょうが、**私は「フェア」で「オープン」であることを重視しています。**

組織がフェアであるとは、具体的にいえば、実力主義が貫かれているかどうかということです。人事評価や給料が学歴や年齢で決まるのではなく、公正な実力や実績の評価によって決められているかどうかをチェックします。

組織がオープンであるとは、いわゆる風通しのよさのことをいいます。セクショナリズムや役職間の差別がなく、社員の誰もが、自分の意見やアイデアを述べられるような環境が理想です。

どのような業種業界であっても、こうした環境が揃っていないと人的な資産は拡大せず、成長し続ける組織にはなれません。

例を挙げましょう。以前、訪問したある会社では、「社長、それだとこの間いっていたことと真逆じゃないですか」と同席していた部下が社長の発言を茶化しながら、突っ込みを入れるということがありました。これはとてもよいサインです。お互いの信頼感がなくてはできないことで、フェアでオープンな組織文化を感じ取ることができました。

別の例を挙げましょう。その会社は営業力が成長ドライバーの中小型株でしたが、ユニークな組織マネジメントを行っていました。３～４人の小さな営業チームをたくさんつくり、個人ではなく、チームでの営業成績を評価しました。そして面白いことに、もっと大きな評価の対象は、他のチームをどれだけ支援したかという点にありました。結果的にこの組織は、どのような環境でも最適な営業ノウハウを社内で共有することができるようになり、業績および株価は5年で10倍になりました。

逆の例を挙げましょう。消費者向けネットサービスを展開する某社へ取材をしていた時、先方が「来年の新卒では2桁の東大生が内定している」と自慢げに述べました。私はそれを聞いた時、この会社を訪問することは二度とないだろうと思いました。その発言から、個々の人材の内面を見つめ、マネジメントする組織文化がまったく根づいていないことがわかったからです。事実、その会社はその後、消費者のトレンドの変化について行けず、独自性のある魅力的な新規事業を立ち上げることもできず、業績および株価は凋落していきました。

これらはごく一部の例ですが、成長し続ける組織には共通して、従業員がのびのびと、イキイキして仕事ができる組織文化が根づいています。投資先の会社を調べるときに、こうした観点から何かヒントがないかチェックしてみましょう。

投資したくなる会社とは？（ビジネス編）

社長や組織のクオリティーが高いかどうかというのは、投資先の会社を選ぶ上での最低限の条件です。これらをクリアしたら、その会社のビジネスの競争力を分析します。ビジネスの競争力を分析する手法はいろいろなものがありますが、「ファイブフォース分析」という手法が一般的です。

ここでは、もっと簡単に競争力があるかどうかを見る方法を説明しましょう。たとえば収益性の高さなどは、わかりやすい評価軸のひとつといえるでしょう。収益性が高いということは、それだけビジネスの競争力があるということができます。ただし、それが維持できるかどうかとなると、注意が必要です。

現時点において、A社の営業利益率は25％と高い。しかし、その製品・サービスが、

［ファイブフォース分析］「供給企業の交渉力」「買い手の交渉力」「競争企業間の敵対関係」という内的要因と、「新規参入業者の脅威」「代替品の脅威」という２つの外的要因から、ビジネスの競争力を計るアプローチ。

誰にでも真似できるようなものだとしたら、どうなるでしょうか。

おそらく、25％という営業利益率を維持するのは困難になるはずです。競合他社が増えれば増えるほど、そこには価格競争が生じ、かつて25％あった営業利益率は、15％、５％というように低下していくでしょう。特に製造業系の会社などで、この手の現象がよく見られます。

例を挙げましょう。液晶モニターになくてはならない部材に偏光板というものがあるのですが、クラレはその偏光板の中核部材であるＰＶＡ（ポバール樹脂）フィルムにおいて、世界シェアの８割を有していました。

同社はもともとＰＶＡの大手メーカーですが、それを特殊延伸でフィルムにして偏光性を持たせるという、門外不出の技術を持っています。他の誰にもつくれない、しかし液晶モニターにはなくてはならない部材であることから、私の推計では60％を超える驚異的な営業利益率がありました。

しかし、当然、他のメーカーはこのビジネスの収益性の高さに目をつけており、何とかして参入しようと、水面下で研究開発を続けていました。クラレと同じものをつくるか、あるいは新しい製法で同じ効果を発揮するものをつくるか、クラレが1社で独占していた領域に、何とか参入しようとしていたのです。

そしてついに、新たなブレイクスルーが起こりました。ほぼ同じタイミングで、日東電工や住友化学がコーティングPVAという、通常の透明フィルムに樹脂を塗布することで偏光性を持たせる技術の開発に成功したのです。この瞬間、クラレのPVAフィルムの価格決定権は、大きく揺らいだといってよいでしょう。

このように世界シェア8割を有する製品であっても、競争力を維持し続けることは難しいということです。正直なところ、どれだけ優れた製品・サービスであっても、いつかは必ずブレイクスルーされる時が来てしまいます。

ただ、他社がどれだけ研究しても、絶対に真似ができないものがひとつだけあります。それが、前述した組織力なのです。なぜ真似できないかというと、組織とは人がつくるオンリーワンのものだからです。企業が競争力を保ち続けるための最強のツールは、組織というソフトウェアだといってもよいでしょう。

組織がしっかりしていれば、たとえひとつの製品が他社に真似されたとしても、別の技術やアイデアで新しい製品・サービスを生み出し、企業の命脈を伸ばしてくれます。

前述の化学業界で例を挙げると、日産化学はどのような外部環境においても長期安定的に増益を続けてきました。私の知る限り、同社は２５０もの新製品の開発プロジェクトを有しており、このため既存の製品が廃れても、すぐに新たな製品が顧客のニーズを捉えて、利益をカバーすることができています。

むろん、それらは経営者が意図してそのようなことができる組織をつくり上げていることが背景にあります。ひとつの製品には終わりが必ずありますが、組織にはありません。これが、私が組織を見ることを重要視する理由です。

投資家の分析手法にはさまざまなものがありますが、「ビジネスの競争力が、組織そのものにある」という視点は、投資家としての私のひとつの特徴といえるかもしれません。

投資アイデアの発見

投資アイデアを見つける方法はさまざまなものがありますが、私のおすすめはシンプルに考えることです。人はバックグラウンドも、経験も、好き嫌いも、考え方も、信条も異なるので、投資アイデアも個々人によって千差万別あってよいと思います。繰り返すように、株式投資は付和雷同していては勝てません。「この会社は計画よりも利益が上振れると市場参加者の間で噂されています」と、証券営業マンのすすめに従って株式を買ったとしても、まず勝てないでしょう。その情報は、すでに株価に完全に織り込まれているからです。他人とは違う考え方、個性のある視点を持つ人のほうが、まだ織り込まれていない価値のギャップを見つけやすいのです。

私も投資アイデアは常に探しています。「常に」というのは誇張しているわけではなく、**四六時中、日々の生活の中からアイデアを探しています。**

たとえば、ネットで流行っているコンテンツを見て人々の嗜好の変化を感じたり、コンビニで新しい商品を見つけてはどこのメーカーがつくっているかをチェックしたり、電車に乗っている時にまわりの人が何をやっているか観察したり、温泉に行って外国人の従業員になぜここで働いているのか聞いてみたり、挙げればキリがありません。

投資アイデアというとなんだか難しそうに聞こえますが、投資とは会社に資金を投じるわけですから、私たちの生活から得られるヒントのほうが、学者が述べる高尚な理論よりも価値があるケースだって考えられます。私も、外部の知識人などの見方を聞いて参考にすることはありますが、基本的には自分の頭で考えたアイデアのほうを大切にしています。自分で納得したストーリーで投資を行わないと、お客様にも説明できませんし、読みがズレていた時も、それに早く気づくことができなくなります。

いくつか例を挙げましょう。ある日、友人と某焼き肉店へ行った時のことですが、店内の衛生面に多くの問題があることに気がつきました。私はその後もそのことが気になって、ネットで他の消費者の声などを注意深く調べ続けていましたが、日増しに「お肉が美味しくなくなった」とか「店員の接客の質が落ちた」などの声が高まっていることを知り、最終的に会社の業績が予想以上に悪化するというシナリオのもと、ショート（空売り）をしました。

案の定、会社から発表される月次の売上高は想定以上に悪化をし始め、会社の計画は大幅に未達成となることが判明すると、株価は大きく下落しました。それまで異業種のM&Aをスピーディーに行い、急拡大を遂げていた同社でしたが、ホールディングス体制をとっていたこともあり、傘下の事業会社の管理が行き届かず、結果的に基幹事業である焼き肉店で消費者の支持を失うことになってしまったのです。その後も経営を建て直すことはできず、最終的には市場から退出を余儀なくされました。

もうひとつ例を挙げましょう。九州でドラッグストアを運営する会社がIPOで上場をしてきました。私は「地方のドラッグストアか」とそれほど期待をしていませんでしたが、社長の事業に対する熱い思いや、お店の仕入や陳列の美しさへのこだわり、従業員を大切にしている姿勢がよく伝わってきました。その後、より深く調べるため福岡の本社を何度も訪問し、実際に九州にある店舗を消費者として見て回るうちに、力強い業績が今後とも続くであろうと確信し、投資を行いました。

品揃えや、買い物のしやすさ、丁寧な接客などが消費者に受け入れられ、店舗は九州中に広がり、やがて四国、中国、関西と、西から東へ店舗を拡大していきました。一般的に小売業は差別化が難しいとされていますが、小さな改善を積み重ねていき、時間とともに他社を圧倒する競争力を磨いてきました。社長は「小売業として当たり前のことを当たり前のようにやる」という言葉をよく口にしていましたが、競争の激しいドラッグストアでも、後発の会社がシェアを取れることを数字で示しました。同社の株価は上場後の10年間で10倍になりました。

このような例は数多くありますが、何も特別な情報から投資アイデアを得たわけではなく、実際にいち消費者としての体験から、会社の未来の姿をイメージするに至っています。ここで挙げた2社の例も、それを専門に見ているプロですら、会社の変化や潜在的な力にまったく気づいていませんでした。

株で勝つとは、そのような認識のギャップを発見することですから、身のまわりで得た知見やアイデアのほうが、遥かに他人から聞いた情報よりもフレッシュな状態であるといえます。ゲーム好きの友人が最近ハマっているゲームが、千金の価値のある情報かもしれませんし、スーパーの棚から早くなくなる袋麺が、まさかの大ヒットを記録するかもしれません。便利だなと思っていつも使っていたウェブサイトの運営会社が、大ブレイクするかもしれません。投資アイデアとは、いつも身近なところに転がっているものです。

「しかし、それでは身近でないものには投資できないことになる」と思われる方もいるかもしれませんが、自分自身で理解していない会社に投資する必要はありません。半導体用のフォトレジスト材をつくる会社、産業用ロボットの関節用モーターをつくる会社、建築向けのコンクリートパイルをつくる会社など、自分にとって、あまり馴染みがないと思うような会社には、無理に投資する必要はないのです。上場企業はたくさんあるのですから、自分が情報の優位にあるエリアで戦えばよいのです。

より詳細に調査する

さて、そうした中で、実際に目ぼしいアイデアと候補となりそうな銘柄が浮かんだら、投資に踏み切る前にもう少し調査をしましょう。

会社のウェブサイトで決算説明会の資料を見たり、社長の人となりも確認しましょう。財務データも分析したほうがよりいいのですが、身構える必要はありません。「会社四季報」などを見ると、簡単に業績の要点は確認できますし、どの会社も「決算短信」という同じフォーマットで財務諸表を公開しています。

財務諸表をごく短時間でチェックするとすれば、以下のポイントでしょう。

◉「損益計算書」にある売上高、営業利益に丸をつけ、それらの伸び率や営業利益率が改善しているかどうかなどを確認する

●「貸借対照表」では資産の部の棚卸在庫、売掛金に丸をつけ、これらが売上高の伸びよりも低く抑えられているか確認する

●負債の部の短期・長期借入金、資本の部の額にも丸をつけ、ネットD／Eレシオ［(短期・長期借入金 ― 資産の部の現預金)÷資本の部］を確認する

ネットD／Eレシオが大きいほど、財務体質が脆弱であると考えられるので、資本の部の額よりも何倍も大きな「借入金 ― 現預金」を持っている会社は、不景気に弱く、増資などのリスクが高いと考えられます。

これらをパッと確認するだけでも、やるとやらないでは大きな違いがあります。客観的なデータから、その会社へ投資することがどれほどのリスクを持っているのかをイメージしておくと、それがたとえ成功しても失敗しても、経験値として勝てる投資家になるための階段を一段上がったことになります。

これらのアプローチはリターンを高め、取る必要のないリスクを発見するための効率のよい手法のひとつとして、勝てる投資家になるための最低限のスキルです。

投資では、全勝することはできません。ただし通算6勝4敗であれば、あなたはおそらくお金持ちになれるでしょう。

伸びる会社のサイン

私はこれまで数多くの会社を取材してきましたが、経験上、伸びる会社と伸びない会社には、ある種の共通したサインがあることに気づきました。もちろん会社は生き物ですし、いつも予想外の変化をするものなので、一概に語ることはできません。しかし、これらに該当していたら確率が高まる、という見方はできると思いますので、投資をする前に以下のポイントをチェックしてみてください。今回は、私なりに的中率が高いと思われるサインをそれぞれ5つずつご紹介します。

まず、伸びる会社のサインは、次の5つです。

サイン❶：収益性が向上している

サービス系の会社であれば営業利益率（営業利益／売上高）、設備投資の多い製造業系の場合はＥＢＩＴＤＡマージン（償却前営業利益／売上高）などの収益性の指標は、シンプルでありながら会社の実力が如実に現れます。

優秀な経営者がマネジメントをしている会社は、従業員の生産性の向上や無駄の削減などによって収益性は継続的に上昇しており、事業の競争力が高まっているサインと見ることができます。

同様に、在庫や売掛金の伸びもチェックしてみましょう。これらが売上の伸びより低く抑えられている会社は、ビジネスの競争力が高まっているサインといえます。

サイン❷：経営者がＲＯＥの向上を意識している

伸びる会社の経営者はＲＯＥ（当期純利益／株主資本）の向上という視点で会社を経営しています。なぜなら、株主の利益はＲＯＥという指標で表現されるからです。収益性が向上すると当期純利益が増加するため、ＲＯＥは上昇します。一方で、稼いだお金をより儲かる事業へ再投資したり、配当や自社株買いなどによって株主に資金をしっかりと返還したりしていないと、分母の株主資本が増加してＲＯＥが低下することになります。決算説明会の資料などで、ＲＯＥの向上を目標に掲げているかどうかをチェックしましょう。

サイン❸：収益性の高いところへ投資している

伸びる会社は、新規事業やＭ＆Ａへ投資をする際に、現在の会社の収益性よりも高い収益性が見込まれる事業へ投資することに注力しています。既存の事業への投資でも、それによって将来は今よりも収益性が高くなるという前提で投資を行っています。一方、収益性を精査しないまま無駄な投資をしたり、不採算のビジネスを長年放っておくような会社は、結果的にジリ貧になっていき、やがて市場から退場を余儀なくされます。収益性を重視した投資規律を持っているかどうかをチェックしましょう。

サイン④：多くの人を幸せにしている

上場企業は利益を伸ばし続けることを宿命づけられています。長期的な成長を達成できるかどうかを推し量る上で便利な指標となるのは、その会社の製品やサービスによって、世の中の人がどれだけ幸せになっているかを見ることです。

伸びる会社というのは単純に、その存在意義が人々や社会から支持されています。過大な広告によって消費者を欺いたり、ギャンブルのように誰かを不幸にしなければ成立しないようなビジネスは、結局は長続きしません。お金は、誰かを幸せにすることを媒介した時に富を生む、という性質があります。あなたが直感的に好きになれない会社は、投資対象とする必要はありません。それが正しい選択になるはずです。

サイン⑤：ガバナンスがしっかりしている

継続的に高い利益成長を遂げている会社には、独立性の高い社外取締役が多いという特徴があります。別の業界で実績のある人物を取締役に迎え、さまざまな角度から社長の仕事をチェックしてもらうというガバナンス機能が働いています。

対照的に、創業者が社長と会長を兼務しているような会社はワンマン経営であり、ガバナンスがありません。これでは、社長の能力が組織の求める基準に達していない場合、誰も修正することができません。また、本社を持ち株会社として事業会社を傘下に収める、いわゆるホールディングス体制を取る会社もガバナンスが弱い傾向がありますので注意をしましょう。

伸びない会社のサイン

では、次は伸びない会社のサインを5つご紹介します。

サイン❶：本業とまったく関係のない事業を持っている

印刷用インクの製造会社がスポーツクラブやゴルフ場を経営していたり、システムエンジニアリングの会社がファーストフードのフランチャイズを展開しているようなケースが該当します。経営者が、収益性を高めることや、資本効率を改善することを一切考えていないのがよくわかります。

サイン❷：中期経営計画に数値目標が明記されていない

投資家に約束する将来の目標に、定量的な数値が示されていない場合があります。なんとなく利益が上がっていくということで棒グラフが伸びているが、先のほうが薄くスケルトンになっていたりすることもよくあります。

数字でコミットメントができないような経営者は保身に走る傾向があり、注意が必要です。

サイン❸：自社ビルを建設する

自社ビルを建てる経済合理性はまったくありません。大企業でも本社機能はワンフロアで充分に足りますし、クリエイティブ系の会社でも、コアな人材は多くても数百人で済みます。

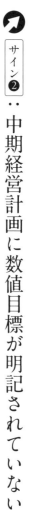

事業環境は刻一刻と変化するのですから、本社のために大金を投じても、高いリターンを上げることはできません。前述の信越化学の本社は、中小企業と見間違えるほど質素で小さなオフィスです。本社にかけるお金があるなら、現場の工場のために使いたいそうです。

サイン❹：本社の受付嬢がやたらと美人

受付嬢が3人以上いて、しかも全員が美人であったら危ないサインです。通常の人選を行ったり、派遣会社に依頼したりした場合、偶然、3人とも美人である可能性はかなり低いはずですから、逆に3人とも美人の場合、人を公平に評価できない、風通しの悪い会社である危険性が高いことを示唆しています。一人ひとりの生産性が低く、官僚的な組織体であるほど、この傾向が見受けられます。

サイン⑤：社長が業界紙以外のメディアに出始める

社長が本業とは関係のないメディアに出始めるのは危ないサインです。

会社の成長に意識を集中させている社長は、自分が成功者であることを世間にアピールしないものです。ところがファッション誌に出たり、自分の車を見せびらかしたりする社長は、人生上がりだと思っている証左となります。事実、その直後から会社のガバナンスが悪くなったり、競合他社にシェアを奪われたりなど、会社が傾き始めます。

第6章

ポートフォリオの組み方と勝つ投資家のメンタル

安く株を買う

投資する銘柄が決まった後は、投資をするからには勝たなければなりません。そしてそのためには、できるだけ安く株を買う必要があります。

相場はどこまでも続くものです。そしていつも予期せぬことが起こるものです。思いついた投資アイデアが正解だったとしても、思いついた日が最良のエントリーのタイミングであるとは限りません。

後に述べるように、長期で投資したり、ポートフォリオを組んだりしている場合は、それほどエントリーのタイミングを気にする必要はありませんが、それでもやはりひとつの銘柄をできるだけ安く買うに越したことはありません。

事実、腕のよいファンドマネージャーやプロのトレーダーは、売買のタイミング効果だけで、年間で0・5％ほどパフォーマンスを上げているといわれています。0・5％という数字は小さいと思うかもしれませんが、分散投資をしている大型のポートフォリオでこれだけのプラス寄与があれば、個別銘柄だと数％の差がつくことを意味します。

では、エントリーに際して、何を判断材料にしてタイミングを計ればよいのか、どういう手法で買っていけばよいのか、簡単にまとめてみました。これらは実際、私自身がポートフォリオを構築していく際に用いている方法です。ご自身で投資する際の参考にしてみてください。

エントリーのポイント

ポイント❶：ドルコスト平均法を用いる

短期の相場による価格の振れの影響を極力小さくするための買い方です。A社の株を500株買うことにした場合、100株ずつ一定の間隔に分けて購入します。たとえば、毎月、月初に100株を買うと決めたら、そのルールを崩さずに、株価がどうあっても、月初に機械的に5カ月続けて買います。積立定期預金のようなイメージです。

この方法のメリットは、時間を分散させることによって、取得期間の平均価格で株を買えるところです。株価は短期になればなるほど、個別の評価ではなく、市場そのものの変動の影響を受けることになります。個別銘柄の評価が上がることを狙って投資をするのに、市場の変動の影響で株価が動いてしまっては意味がありません。この市場変動の影響を小さくするのがドルコスト平均法です。

また、ドルコスト平均法は、前述のように定量で買う場合と、定額で買う場合とに分かれます。本来、ドルコスト平均法の効果を最大限に上げるためには定量よりも定額で購入したほうが、より効果的です。つまり、100株ずつ5回に分けて投資するのではなく、たとえば手持ちの投資資金が100万

ドルコスト平均法で購入した場合のイメージ

取得日	1月15日	2月15日	3月15日	4月15日	…	平均（合計）
取得価格（円）	2,000	1,500	1,000	1,300	…	1,600
取得株数（株）	100	133	200	154	…	(1,250)
取得原資（円）	200,000	200,000	200,000	200,000	…	(2,000,000)

円だったら、20万円ずつ5回に分けて投資していくのです。

そうすると、株価が高い時には購入できる株数が少なくなり、逆に株価が安い時には、より多くの株数が買えることになります。たとえば、1株の株価が2000円だと、20万円で購入できる株数は100株ですが、1株の株価が1000円だったら、購入できる株数は200株になります。これを繰り返していくと、高値で買い付けた株数は全体的に見て少なく、逆に安値で買い付けた株数が多くなるため、平均の買付株価を下げることができるのです。

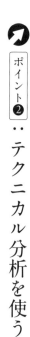

ポイント❷：テクニカル分析を使う

テクニカル分析とは、株価をさまざまな形に加工して、現在の株価の位置がどのあたりにあるのかを客観的に見ようとするものです。

特徴としては、株価を企業の業績（ファンダメンタルズ）とはまったく関係なく、ひとつの数列として捉えて、統計学的、人間行動学的な視点で、ある種のパターン認識を行うという点にあります。「ダブルボトム」や「三尊天井」という言葉を目にしたことがある方もいらっしゃると思いますが、これらもチャートの形によってパターン認識する、テクニカル分析のひとつです。

ここで注意していただきたいのは、テクニカル分析のみで勝ち続けることはできないということです。

もしもテクニカル指標が示すとおりに売買を行い、株式投資で勝てるのであれば、みんながそれを実行します。みんなが実行するということは、それだけでは利益を出すことができないことを意味します。

次に私がいつも実際に見ている3つの指標を挙げますが、テクニカル指標はあくまでも投資を決めた銘柄を、少しでも有利な値段で売買するための参考ツールです。個人投資家の中には、ファンダメンタルズを一切見ず、テクニカル指標のみを判断材料にしてトレードしている人もいますが、これだけを信じてトレードしても、相場の神様は微笑んでくれません。ファンダメンタルズとテクニカル分析の両方を用いることが肝心なのです。

●**移動平均**

株価はすぐにファンダメンタルズを織り込まず、時間をかけて徐々に織り込むため、株価には一定のトレンドが生まれるという見方があります。移動平均は、このようなトレンド分析としては最も汎用性の高い指標です。一般的に過去の株価の50日、１００日、２００日の移動平均値を取り、実際の株価と重ね合わせて見ます。３本の移動平均線は、株価の抵抗線や支持線として働く傾向があり、日数の長い平均線のほうが、より強い効力を持った線

移動平均（上昇トレンドのイメージ）

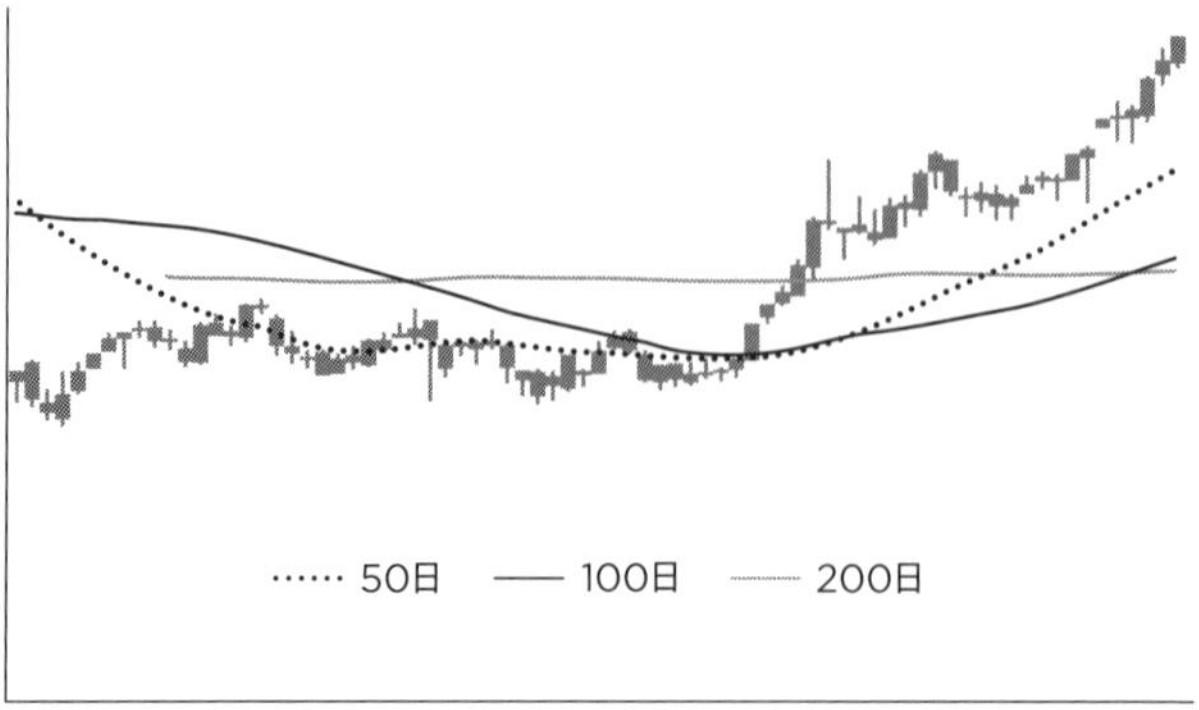

と考えられています。

もしも買おうとしている銘柄が、右肩上がりのチャートで、これらの3本の線よりも上にあれば、「株価の上昇トレンドが続いている」と見ることができます。逆に、右肩上がりが終わり、株価が横ばいから下落へ転じ始め、50日線を下にブレイクし、100日線まで下にブレイクしてしまったら、上昇トレンドは終了した可能性があると考えます。このようにして、株価が上昇・下落・横ばいのどのような勢いの中にあるのかを客観的に見ることで、タイミングを見計らいます。

移動平均（下落トレンドのイメージ）

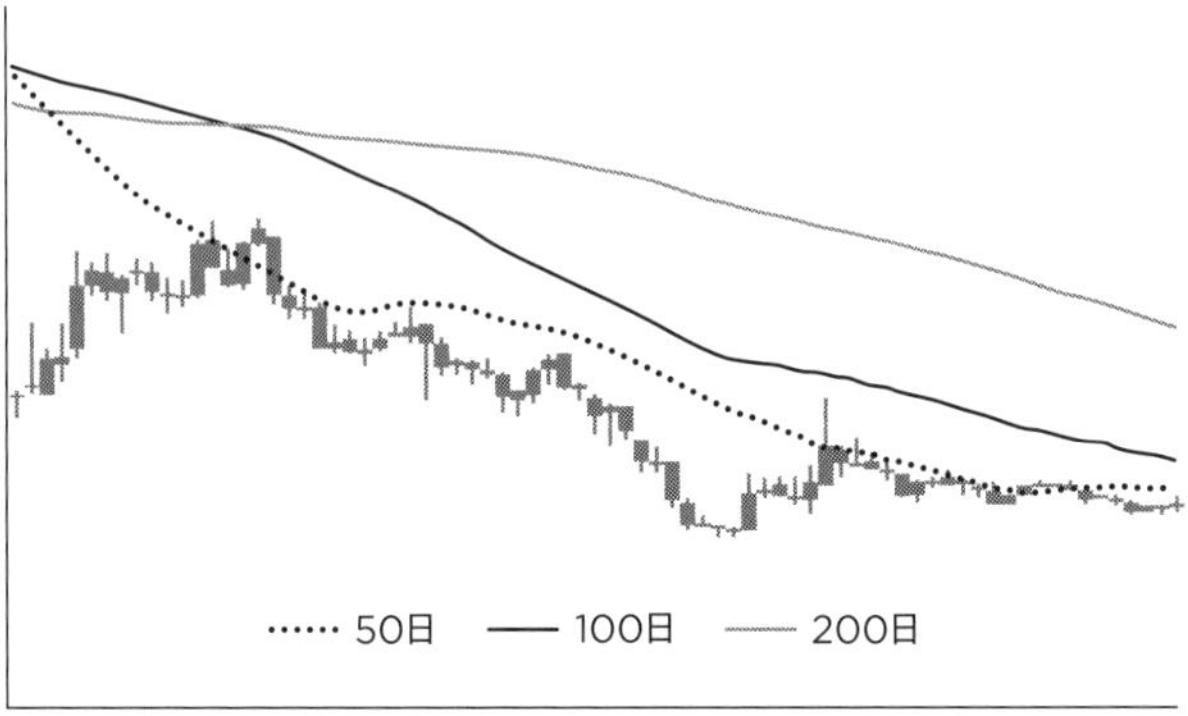

●一目均衡表

一目均衡表は、移動平均と同様にトレンドを把握する指標ですが、計測期間中の高値と安値を使用するなど、やや複雑な計算に基づいて、さまざまなシグナルを読み取ろうとするものです。「人間の行動は非合理的で、理性よりも感情が先行する」という前提で、金融商品の動きを分析する「行動ファイナンス」と呼ばれる学問がありますが、一目均衡表もこの部類に属します。

表の見方や扱い方は、完璧にマスターしようとすると非常に大変ですが、基本中の基本は移動平均と似ています。最も大切な線である「基準線」「転換線」

一目均衡表（上昇トレンドでブレイクしているイメージ）

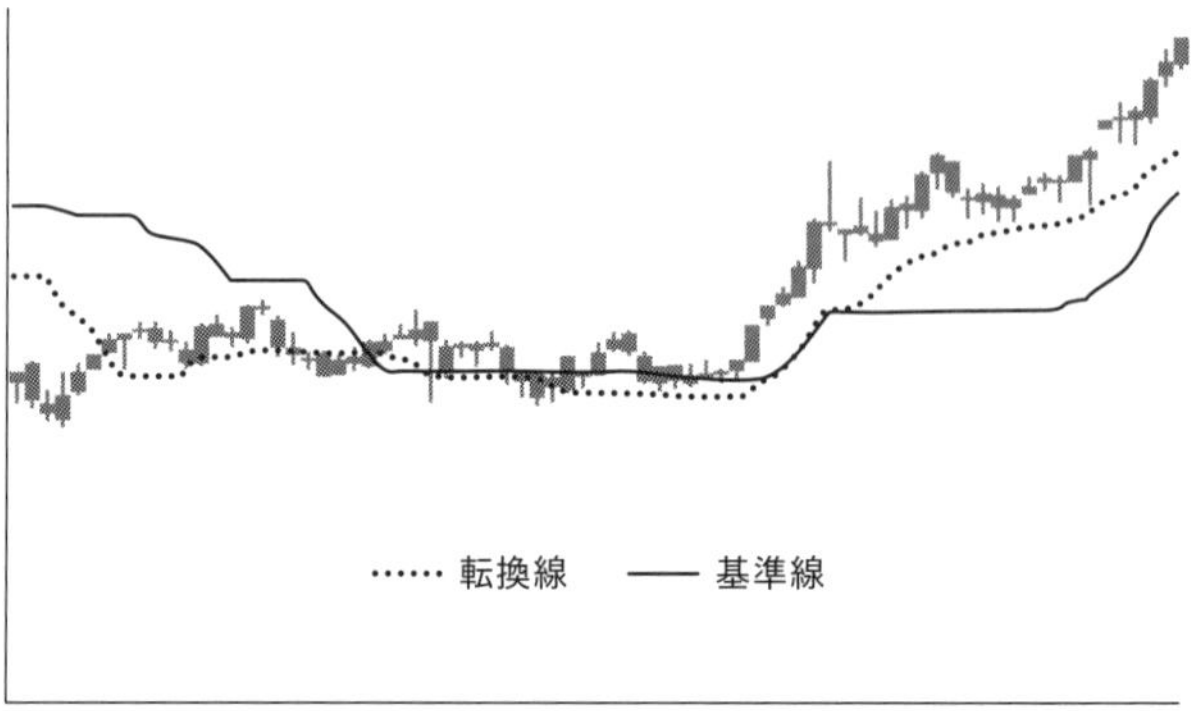

という2本の線に対して、現在の株価が上にあれば、株価には上昇トレンドの力があり、下にあれば下落トレンドの力が強いことを示しています。

移動平均と同様に、これらの線は抵抗線や支持線としての働きがあるため、ブレイクした時はトレンド転換の可能性があることを示唆しています。

●RSI

ＲＳＩはRelative Strength Index（相対力指数）の略で、株価が振り子のように上下に振れるという前提のもと、50を中心として0～１００までの指数に換算し、株価が現在どの位置にある

RSI

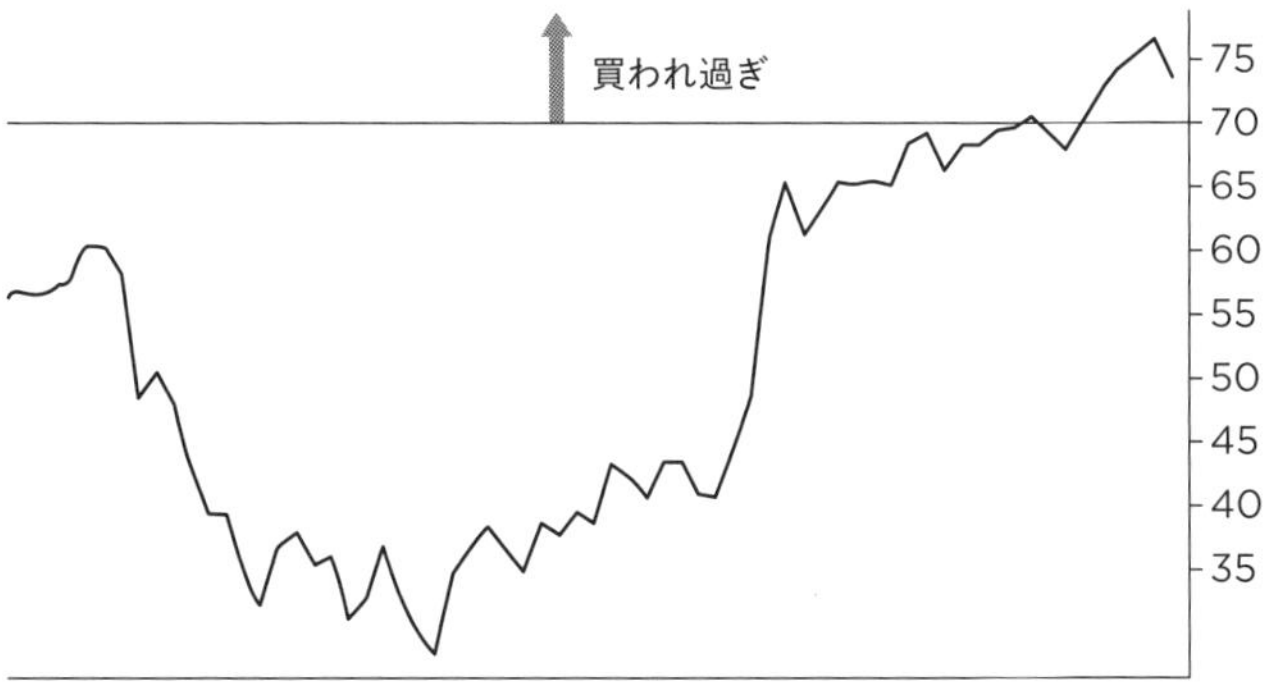

かを客観的に見るものとして使います。

この指数が30以下になると、一般的に売られ過ぎ、70以上になると買われ過ぎのサインとして、反転の可能性が高いと考えます。

いろいろな株でRSIを見てみればわかるように、確かにRSIが70以上になったり、30以下になったりすると、株価のピークが来て反転をしているように見えます。

しかし、このRSIはあくまでも同じレベルのレンジの中で、株価は振り子のように上下するという前提のもとでの指標ですので、株価がレンジを超えて評価されるような場合にはまったく機能しなくなります。

繰り返しになりますが、企業の業績を考えずに、株価を単なる数列として捉え、テクニカル指標のみを見て売買をしても、勝ち続けることはできません。少しでも有利な価格でポジションを持つために、客観的に判断を下すツールのひとつとして利用することを心掛けましょう。

おすすめは長期投資

投資する銘柄を決めて、実際にエントリーが完了したら、後は成果が出るまで待つだけです。投資をしている期間のことを「投資ホライズン」と呼びますが、適正な投資ホライズンとはどのようなものでしょうか？

デイトレーダーと呼ばれるような人の場合には、その日のうちに売ったり買ったりを何度も繰り返す人もいますし、アルゴリズム運用といってコンピューターを使ったプログラミング売買によって、1秒間に何十回ものオーダーを出したりするような投資家もいます。

しかし、私はみなさんにこのような短期のトレードを決して推奨はしません。投資の世界は、時間軸を短く取るほど投機の世界に近くなり、取引コストが嵩むため頻繁に売買をするほど勝率も下がっていってしまいます。

金融取引で投機の代表格といえばFX（外為取引）ですが、世にあるFX口座の9割は元本割れしている可能性が高いと思います。通貨が短期で上がるか下がるかを当てる確率は、サイコロの丁半を当てるのと同じように50％であると思いがちですが、スプレッドなどの取引コストを支払うことを考えると、勝率は50％より低くなります。

いろいろなテクニカル指標を駆使して、高い勝率を誇る人がいるかもしれませんが、**サバイバーバイアス**といって、それはたまたま運がよく生き残った人が語っているだけであり、その裏で9割の人が負けていると考えるのが妥当でしょう。

一方で、勝ち残っている人も勝利が長く続くことはありません。9連勝を誇る人がいたとしても、次の1敗が大敗となり、すべての勝利が台なしになるようなことが起きます。冷静に考えればわかり切ったような投機の世界を、身銭を切って体験する必要はありません。

私がみなさんに推奨するのは長期投資です。「適正な投資ホライズンは何か？」という冒頭の問いは、私にとっては「そのようなものはない」が回答です。私が推奨するのは、あくまでも継続的に成長を続ける会社への投資ですから、そのような会社へ

［**サバイバーバイアス**］市場には生き残った人だけが残ることができるので、失敗者の声を聞くことはなく、成功だけを過大評価してしまうこと。

投資をしている限りは、売る時のことなど考える必要はありません。あなたが託したお金を効率よく使い、より多くの利益を還元してくれる会社の株主であるならば、極端な話、一生売る必要はないのです。

株価は毎日激しく変動します。新しいポジティブな材料が出ると、関連銘柄などが突然大商いとなり、株価が暴騰することは日常茶飯事です。それらを見ていると「自分もその流れに乗ったら効率よく儲かるのではないか」と思うのではないでしょうか。しかし、決してそのようなことはありません。最初の何回かは上手くいくかもしれませんが、所詮はギャンブルですので、最後にあなたがババを引く番が必ず回ってきます。

相場が突然、顔色を変えて動くことはよくあります。順調な右肩上がりの相場でも、ちょっとしたことをきっかけに、あるいはわずかなきっかけすらなく、梯子を外されたように暴落することもあります。

このような時、自分の株式の評価額がどんどん下がっていくのを見て、損失を食い止めるために投げ売りしてしまいたくなるかもしれません。でも、あなたが投資をしているのは会社であるという本質を忘れてはいけません。会社が順調に利益を上げている限り、相場の変調によって暴落した株価は必ず元に戻ります。

投資判断を下すのはとても労力の要ることです。株の最小単位を買うにしても、何十万円もお金がかかる買い物をするわけです。

電子レンジを買う時でも、その製品の機能やデザインと値段のバランスを相応の時間をかけて検討すると思います。株式はそれよりも、もっと大きな金額の買い物になるのですから、しっかりと納得のいくまで考えなくてはなりません。株価は短期的に相場の影響を受けて乱高下しますが、中長期的に見れば、毎年利益を拡大させている会社の株価は必ず上がります。

私は綺麗ごとでこのようなことをいっているのではありません。**本当に株式投資で勝つ時というのは、何年もかけて株価が何倍にもなっているような時です**。売買をするごとに取引コストを支払い、短期的に予測のできない相場の乱高下に付き合ってヤキモキしていても、よいことはありません。そのようなことをするくらいなら、優秀な会社に長期的な投資をして、配当をもらいながらゆったりとした気持ちで、その会社の利益が成長していく様を眺めていたほうが、遥かに効率的です。

世界一成功した投資家のウォーレン・バフェットも、当然ながら長期の投資家です。彼は徹底した調査を重ねた後に投資先を決定し、基本的に会社の戦略や見方に変更がない限り、売却しません。相場の変調によって株価が不当に安くなったと思った時は、むしろ追加で買い増しをします。長期投資家にとって相場の調整は、むしろ「安いショッピングができてラッキー」と喜ぶくらいのマインドが理想です。

勝てる投資家が最も労力を費やすのは、投資をするかしないかの意思決定をするまでの過程にあります。

一見地味で地道な作業をしっかりやっているカメのような投資家が、トレーディングに集中している瞬発力のあるウサギを大きく凌駕するパフォーマンスを上げます。これは投資の世界の揺るぎない真実です。

[ウォーレン・バフェット] アメリカ合衆国の著名な投資家、経営者、資産家、慈善活動家。世界最大の投資持株会社であるバークシャー・ハサウェイの会長兼CEO。

ポートフォリオの基本

複数の銘柄や資産に投資してポートフォリオを組むと、分散効果というメリットを享受できます。

たとえばA社の株のリスクが20％だとしましょう。リスクとは価格の振れ幅のことですから、株価は上下に20％の幅で変動する確率が高いことを示しています。この銘柄だけを保有していた場合、リスクは20％になります。

今度はA社株とB社株を均等額ずつ持っていたとしましょう。B社株のリスクは15％です。この場合の全体のリスクは、

（20％＋15％）／2＝17・5％

といいたいところですが、そうではありません。実はリスクは確率変数ですので、A社株とB社株の相関係数が必要となります。もしA社株が上昇した時、B社株がこれまで70%の確率で上昇してきたとすると、相関係数は0・7になります。

これを計算すると以下のようになります。

ポイントは式の最後に相関係数である0・7がつくことです。

もしA社株とB社株の動きの方向性がまったく一緒であった場合、相関係数は1になり、答えは単純平均した値

分散効果を利用したリスク計算の例

$$=\sqrt{0.5^2\times 20\%^2+0.5^2\times 15\%^2+2\times 0.5\times 20\%\times 0.5\times 15\%\times 0.7}$$

＝[(0.5^2)*(0.2^2)＋(0.5^2)*(0.15^2)
＋(2*0.5*0.5*0.2*0.15*0.7)]^(1/2)

＝16.2%

と同じ17・5％となります。しかし、このケースのように、相関係数が0・7で1よりも小さい場合、2つの株式を持つポートフォリオのリスクは、16・2％というように低くなるのです。

これが分散効果です。相関係数は最大値が1、最小値がマイナス1を取ります。1の時のことを「完全相関」と呼び、2つの株価の動きが完全に一緒であることを意味します。

これでは分散投資効果が期待できず、結果的にリスクは小さくなりませんが、確率的に滅多に起こるものではありません。

一方で、たとえば高成長のインターネット企業の株式が大きく下がる局面で、より利益が底堅く推移する電力会社の株式は、むしろ上昇することがあるかもしれません。このような場合は、お互いの株価が逆方向に動く性質があるということで、相関係数はマイナスの値を取り、ポートフォリオのリスクは大きく下がります。

さて、ここまで述べたことは、実は一般的なポートフォリオ理論の教科書に載っていることです。プロの投資家は実際にこのような複雑な数学理論を駆使して、分散効果を享受したり、全体のリスク調整を行ったり、予期せぬリスクを取っていないかを日々チェックしています。大きなお金を運用しているので、お客様の資産を守るためにも、ある程度は必要なことだと思います。

リターンを大きくするポートフォリオづくり

しかし、私は本音をいうと、あまり前項のようなリスク管理を重要視していません。なぜなら、リスクとリターンは完全に表裏一体なので、リスクを小さくすると、ポートフォリオ全体のリターンも相応に小さくなってしまうからです。しかしながら、いかに自信があるとはいえ、投資先を数銘柄に絞ってしまうと、今度は分散効果が低下してしまい、リスクが大きくなり過ぎてしまいます。

最適なポートフォリオとは、リスクをできるだけ小さくして、リターンをできるだけ大きくすることですが、結局はポートフォリオに組み入れる一つひとつの銘柄の認識ギャップの大きさで勝敗が決まります。分散効果を意識し過ぎて、相関係数の小さな銘柄を入れることにこだわると、本末転倒となってしまいます。これはプロがよく陥るミスです。

私がファンドマネージャーとして、ポートフォリオを構築する時に一番意識していることは、このような数学的な分散ではなく、「価値観の分散」です。前述のように、私が会社に投資する時は、社長の能力や組織力のようなソフト面を重視します。優秀な経営者のつくる組織には、フェアで、オープンで、社員が成長できるような企業文化が根づいているものですが、もっと細かく見ていくと、何を最も重要視しているかという価値観の部分は、会社によってさまざまな違いがあります。

このような価値観の議論には、「これが正解」というものがありません。それは、人の性格がそれぞれ違っていて当たり前ということと同じレベルの、深いところにあるものなので、体系化は不可能です。営業系の会社だと、継続的に利益を成長させるために最も重要なことは「社員の成長」という価値観を持っていたりしますし、一方で、健康飲料を製造販売する会社では、創業者の開発した製品と精神を受け継ぐことを組織の使命としているところもあります。

私は投資先として相応しいと考える銘柄群の中でも、このような会社の根底に流れている価値観の分散を意識して、ポートフォリオを構築しています。仮に相場に調整局面が来た時でも、お互いのキャラクターが異なることによって、自然と業績もさまざまな変化を示すため、ポートフォリオは分散効果を発揮して下がりにくくなります。そして好景気の上昇相場では、いずれも優秀な会社になるので、予想以上の成長を示して、期待を超えた成果を上げてくれることが多くなります。

勝てない多くのプロのファンドマネージャーは、「セクターニュートラル」といって、TOPIXなどのベンチマークと同じ業種ウエイトになるように、ポートフォリオを組成することがよくあります。下げ相場が来た場合、セクターのウエイトが相場全体と同じであれば、自分のポートフォリオも同じように下がるだけで済むという、極めて後ろ向きな運用手法といえます。リスクを抑え過ぎてしまって、リターンを高める機会を逸失しています。

以上のように、分散効果のメリットとデメリットを考えつつ、バランスのよいポートフォリオの作成を心掛けましょう。意図的に分散効果を得る必要はなく、あくまでも自分で自信のある銘柄への長期投資を意識しつつ、キャラクターの異なる多様性を持ったポートフォリオが構築できると、安心して見ていられるようになるはずです。

伸びる会社でも、短期的には思うようにいかないことがあるものです。しかし、そのような時でも、ポートフォリオの他の銘柄が、その凹みを挽回するようなパフォーマンスを見せてくれるはずです。勝てる投資家は、賢く分散効果を享受しながら、安定的な航海を続ける術を知っています。

自分に合ったポートフォリオを組む

ポートフォリオを組むメリットは、複数の銘柄を持つことで、リスクを自分のライフステージに合ったものへと調整できることにあります。20代で資産の少ない若者は、失うものが少ない分、リスクを大きく取って高いリターンを狙えるでしょうし、一方で、現役を引退して主たる収入がなく、貯蓄をゆっくり食いつぶしていく世代は、リスクの許容度が小さく、ローリスク・ローリターンの安定性を求める人が多いと思います。

これまでは株式を中心に述べてきましたが、実際に最適なポートフォリオを構築しようとした時には、外国株式や他の債券、不動産、先物などの資産への投資を考えたほうが、よいものができます。なぜなら、そのほうが日本株のみに投資した場合よりも大きな分散効果が得られますし、「価値観の分散」という私が重視する分散も、異文化にある資産クラスのほうが必然的に高くなる傾向があるからです。そして**何よりも大切なのは、海外には優秀な会社がたくさんあるということです。**

自国の株式市場に大きくウエイトを取ってしまうことを「自国バイアス（ホームカントリーバイアス）」と呼びますが、どの国でもこのような傾向が観察されています。スペイン人はスペイン市場に、オーストラリア人はオーストラリア市場に、米国人は米国市場に、といったように、多くの投資家が自国の上場企業を中心に投資をしてしまいます。

もちろん、投資というのは身近なことから投資アイデアを得ることが多いですし、投資をすることは自国の会社を応援することにもなるため、悪いことではありません。

しかし世界には、特に米国企業の中には、圧倒的に優秀な経営陣によって継続的に高い成長を遂げているエクセレントカンパニーが多くあり、日本の上場企業では決して到達できない高みに登り詰めるような会社が出現する確率が非常に高くなっています。金融市場に国境はありませんので、自分の資産が大きくなるにつれて、リスク＆リターンの観点から、より魅力的なものを世界中から集めるような視点を持つことも大切です。

「海外の企業を買うと、為替のリスクも伴うので余計にリスクが増すのではないか？」と思われる方もいるかもしれませんが、逆にいうと、円建てですべての資産を持っているということは、日本政府の政策にフルベットしていることを意味します。

過去数十年を振り返っても、日本円で日本の資産のみに投資していた人と、資産の一部をドル建てで米国株へ投資している人を比べれば、投資成果は雲泥の差となりました。グローバル化した金融の世界で、日本人であるからといって円建てですべての資産を持つことのほうが、リスクは高いといえます。

今後、日本が中長期的に欧米中よりも高い経済成長を示す可能性はどれくらいあるでしょうか？

その考えに基づいて、あなたの資産の理想の配分をイメージしてみてください。株だけに投資をすると、世界的な不景気が到来した時には大きく時価が目減りしてしまいます。そのリスクを避けたいと思うなら、株との相関係数が小さい国債などにも投資しておけば、さらにリスクを小さくすることも可能です。

一方で、為替や国債、資源は、マクロ経済を映す鏡のようなものであり、認識ギャップは存在しません。「この国は他の国よりも強くなっていきそうだな」という相対感をもとに、勝ち組のレールに乗り、リスク分散の効果を得ることが目的と考えると、スッキリ理解できるはずです。

世界中の資産への分散投資を行っている大手の機関投資家のパフォーマンスを分析した結果、パフォーマンスの9割以上は、どの国の、どの資産に、どれくらい投資をしたのかという、資産配分の効果（アロケーション効果）だけで決まっていることが証明されています。みなさんの場合は、自分の将来の出費や理想の資産形成に合わせてリスクとリターンを調整するのが目標なので、無理に世界中の金融資産に分散投資をする必要はありません。

しかし、日本株のみから得る果実は、世界の金融市場から見ると、非常に小さなものでしかないということは頭の片隅に置いておきましょう。

現役世代には資産運用が必要です。特に若年層になるほど、日本の給与水準では、毎月コツコツ貯金をしていったとしても、リタイア後の資金が困窮することになってしまいます。資産運用は生活を豊かにするオプションというよりは、生活防衛のための必須のスキルといえるでしょう。給与が上がらない要因は、日本経済が弱体化していることと密接に関係があるのですから、日本株のみに投資をするというのは、効率のよくない勝負をしていることと同義です。

以上のことを踏まえて、自分に合ったポートフォリオを構築していきましょう。最初から完璧を目指すのではなく、トライ&エラーを繰り返しながら、ゆっくりと投資判断をしていくことをおすすめします。

最初は誰もが1年生ですが、失敗を繰り返しながらも諦めずに学び続けると、やがて自分のポートフォリオと投資哲学が一致し始めてきているという感覚を得るようになります。それこそが、あなたが大投資家への道を歩み始めたというサインといえるでしょう。

勝てる投資家のマインドセット

勝てる投資家と勝てない投資家の差の大きな部分は、「投資に対するマインドセット」にあります。

私がみなさんに最も伝えたいことは、投資には「信念」と「忍耐」が絶対的に必要であるということです。スキルや経験は、これらに比べれば大して重要ではありません。

投資心理による陥りがちな間違いは、恋愛に置き換えてみるとわかりやすいかもしれません。

勝てない投資家は、総じて「面食い」です。会社の業績（ファンダメンタルズ）を見ずに、株価の動きのみを見て行動しています。マネーゲームで暴騰しているような仕手株がまさにそれですが、このような見かけ倒しの美人に飛びついても、最終的にはお金を貢ぐ一方で、やがて市場から退場を余儀なくされてしまいます。

[仕手株] 仕手とは、人為的に作った相場で投機を行う者のこと。仕手株とは、仕手が利益を得るために利用する、投機的な取引の対象となりやすい株式のこと。

「妄想片思い」でもあります。相手の嘘を見抜けず、相思相愛であると妄想して、自分にとってよいシナリオしか見えなくなっています。その後、突然フラれてしまっても、なかなかそのことを認められず、引くべき時に逆に突っ込み、傷を深くしていってしまいます。最終的にフラれたことを認めざるを得なくなると、今度は恋心が一転して怒りに変わり、投げ売りを行います。この時、株価は大底を迎えます。

よく、相場にはブル（牛：強気派）とベア（熊：弱気派）の2匹の動物がいるといわれています。強気派のブルが角で相場を押し上げ、弱気派のベアが鋭い爪で相場をなぎ倒しています。

しかし、実はもう一匹の動物がいます。それがカモ（勝てない投資家）です。勝てない投資家は、ブルとベアが激しくぶつかり合う中で右往左往する、カモのような存在になってしまっているのです。

勝てる投資家は、カモとは逆の発想で市場と対峙しています。会社の内面をよく見て、幅広い視野で、合理的な判断をします。注意するのは市場の噂や他人の意見ではなく、自分の投資哲学がブレていないかどうかにあります。相場が早く動いている時ほど、視点を大きく構え、ゆったり考えて行動し、相場がゆっくり動いている時ほど、素早く考えて行動します。

相場とは、一寸先は闇であり、プチショックであれば毎月のように起きるものです。勝てない投資家の多くは、このような相場の波に揉まれて感情的になってしまい、合理的な判断ができなくなっています。勝てる投資家は、最終的に株価が、会社が稼ぐ将来のキャッシュフローの現在価値に収れんしていくことを知っています。時間を味方につけ、会社の価値が上昇するのを待ちます。

メディアやネットで飛び交う情報の大部分は、目先のことばかりです。「米国の雇用統計が市場予想を下回るかもしれない」「中国のPMIが悪化するリスクがある」など、大勢には影響のないようなことでも、大げさに取り上げてリスクを煽ります。

しかし、このような声は雑音に過ぎません。我々は時間というレールの最先端にい

［PMI］購買担当者景気指数（Purchasing Managers' Index）のこと。景気指標のひとつで、企業の購買担当者を対象にした調査をもとに、企業の景況感を指数化したもの。

るため、その先を想像することには大変な労力を伴います。

気づくと、来月や来週、極端には明日のことばかりを考えてしまいますが、投資に絶対的に必要なものは「信念」と「忍耐」であることを思い出してください。足元は暗闇でも、未来になるほど、あなたの信念という名の薄明かりが灯っていることを意識してください。あなたが投資を決めた会社の業績予想にブレがない限り、動く必要はありません。

株は英語でStock（ストック）といいます。この単語には、他にも「蓄え」や「在庫」の意味があります。前述のウォーレン・バフェットは「納得できる価格で買えた株は売る時のことなど考えなくてよい」と言いますが、そのようなストックをいかにたくさん積み上げるかが、資産運用で成功する人と失敗する人の差です。相場の神様は時に意地悪をして、あなたの忍耐を試すようなことをしてきます。そのような時は、本書で述べたことを何度も読み返し基本に立ち返ってください。

荒波が続く相場の中で、最終的に福音を得るのは「本物の投資家」だけなのです。

お金の価値と人生の価値

「なぜお金持ちになりたいのか？」と聞かれて、あなたは即答できますか？　仕事を辞め、豪邸に住み、綺麗な格好をして、美味しいものを食べて……。しかし、「その先の目的」を考えたことはあるでしょうか？

マレーシアの貧しい家庭で育ち、ウォール街で活躍していた敏腕ファンドマネージャーMとの出会いで、私も考えるようになったことです。

Mは子供の頃、病気に苦しむ母親の治療費を稼ぐために、近隣の住人たちに「何でも屋」を申し出てお金を稼いでいました。貧しい村であったため、隣人も決して裕福ではありませんでしたが、多くの人は善意で彼に仕事を与え、時には食べ物や薬を恵んでくれました。Mはその後、猛勉強をして米国のアイビーリーグでMBA（経営学修士）を取得し、ウォール街の投資家として優れた成績を収めるようになりました。

しかし、若くして大金持ちとなった彼は、ある日突然引退し、全財産をマレーシアで自身が設立した基金へ拠出してしまいました。彼が設立した基金は、小さな子供のいる貧しい家庭に対して、医療費や学費を支援するものであり、条件として、その子供が将来お金持ちになった場合、再び同基金にお金を拠出してもらう設計となっています。

また、基金の特別条項には、子供の頃のMに施しを与えてくれた村人の名前が記載されており、彼らが病気になった際には、すべての医療費を支払うことも明記されています。彼は村人たちの一杯の飯の恩を忘れずに大人になり、それに報いることを人生の目的のひとつとしたのです。

人生は誰にとっても一度きりであり、二度目はありません。ほとんどの大人は人生の7回裏あたりから、そのことに気づきます。

Mにとっての人生における最良の時間と空間は、貧しくとも家族や隣人の愛に包まれた、何気ない日常でした。どんなに富と名声を得ても、遥か先にあると思われた山の頂上に立ってみても、それ以上のお宝は、この世界にはないことをMは悟ったのです。彼は絶頂のうちにウォール街を去り、今は故郷でファンドマネージャーとして基金から給料をもらい、一方で医大生として勉強に励む毎日を送っています。

ある日のこと、カフェでMと話をしていた時、私が自分の失敗から得た投資家としての暗黙知のようなものを話し始めると、Mはカバンから使い古した分厚いノートを取り出してメモを取り始めました。Mは実力や実績は組織の中でトップクラスの投資家でしたが、どんな人からも謙虚に学び、自分の頭で納得がいくまで考え抜く姿勢を持っていました。

亡き母からのプレゼントだという、びっしりと文字の詰まったノートを見て、「まるでバイブルだね」と私が言うと、Mは愛おしそうに表紙を手で撫でながら「いいえ、それ以上です」と答えたのを、今でも鮮明に憶えています。

冒頭の「なぜ、お金持ちになりたいのか?」という問いの答えは、最終的には「素晴らしい人生を歩みたいから」に行き着くと思います。

ただし、「お金」と「素晴らしい人生」は必ずしも同じレールの上にあるとは限りません。お金を持っていても、不幸な人が世界にはたくさんいます。

なぜか？　多くの人はその先にある価値を知らないからです。

Mは投資で得た莫大なお金を、大切な人を幸せにすることに再投資し、新たな富を得ています。基金によって救われた人々の笑顔を見るたびに、Mは己の人生の価値を向上させているのです。

本物の投資家の究極の到達点は、お金の価値だけではなく、人生の価値を知る者であると私は信じています。

終章

2人が考える、これからの市場

片 この10年で、マーケットはどう変わったのか？

本書の初版執筆から8年以上の時が流れ、世の中もマーケットも、そして僕自身も大きく変わりました。しかし、本書の内容は今読み返してみても非常に充実していると思える部分が大半です。執筆時のコンセプトを、「流行り廃りに左右されない、時の試練に耐える普遍的な中身にしよう」と決めて書いたのですが、その狙いはおおむね達成できているのではないかと感じています。

当時、日経平均2万円で感動していた株価は、3万4000円まで上昇しました。その間には、株式市場やマクロ経済において大小さまざまな事件や危機があり、とりわけ2020年には全人類を震撼させたコロナ・ショックがあったにもかかわらず、相場は人々の予測を超えた長期の上昇トレンドが継続しています。

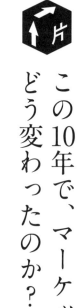

僕自身は、2017年に最大で160億円の資産を達成しました。その原動力となったのは日本ライフラインという買値から20倍になった銘柄での成功で、それは本書に記した投資のエッセンスを凝縮させた、投資家人生の集大成とも呼べるようなトレードだったと思います。

その後はスタートアップ投資やM&Aを通じた事業の取得など、上場株の運用以外のことにも手を広げる時期がありましたが、今ではそれらは各事業の責任者に任せ、自分自身は再び株100%の人生を送っています。

そうして改めて相場と全力で向き合う日々を繰り返す中で感じるのは、昔に比べて個人投資家の平均的なレベルが格段に高まったということです。

今でこそ、私たちは米国の長期金利の動向について当たり前に論じていますが、昔はそんなことを見ている個人投資家はほとんどいませんでした。

マクロ経済のデータをもっと追うべきだと個人投資家が強く意識させられたのは、2022年1月から起きたグロース株の大崩壊がきっかけではないかと思います。中央銀行の姿勢が緩和から引き締めに転じ、金利が反転上昇し始めたのと同時に、それ

[グロース株] 成長株とも呼ばれ、株価が将来的に大きく上昇すると期待されている株式銘柄のこと。2022年にはグロース株とされていたインターネット・半導体関連企業などの株価が大きく下落した。

まで「成長性」の一言でどんな価格も許されてきたグロース株が暴落し、半年後には軒並み3分の1や4分の1、あるいはそれ以下の株価になる銘柄が続出しました。

その背景に金利の上昇があったことは明白なので、もし相場が下がる前から金利動向に注意を払っていたら、下落を避けられていたどころか、空売りによって大きな利益を得る機会とすることもできたはずです。そうした経験から、僕たちはもっと金利のような大きな存在にも目を配ろうということを学習したわけです。

でも、もしそういう話であれば、遥か以前に起きたより大きな衝撃、それこそ2008年のリーマン・ショックの段階で十分に学習が行われていてもよかったはずです。そうならなかったのは、個人投資家に手軽に情報を行き渡らせるツールが当時は未整備だったからです。

つまり、XやYouTubeなどが投資情報を共有するプラットフォームとして十分に広まったことで、情報発信をして注目を集めたり、それ自体を生業としたりする人たちが登場し、彼らの活動によって個人投資家の基礎的な能力が、結果として大きく引き上げられることになったということでしょう。

片 個人投資家のレベルは上がっている

その昔、日本の株式市場には裏技のようなものがいくつも存在していました。僕の知る最古のものでは、「日中に急落した銘柄のリバウンド取り」や「ストップ高投資法」などがあります。

前者は、材料なく突如大きく売られた株を拾うと高確率で反発するというもので、原理としては、当時は個々の銘柄の瞬間的な値動きを幅広く見ている人が限定的だったため、いち早く反応すれば遅れて気づいた人が後から買いを入れてくることが多かったということではないかと思います。

これはスキャルピングという秒単位のトレードに進化した後、アルゴリズムトレードに代替され、今ではあまり聞くことがなくなりました。

後者はもっと単純で、ストップ高で終わった株は翌日も買い気配で始まることが多いので、ストップ高に近くなったらとにかく買うというものです。今となっては信じられない話に聞こえると思いますが、相場のいい時期にはこれが実にワークし、爆発的なリターンを得た人もいました。

他には月次投資法などもありました。昔は小売や外食企業の出している月次業績をつぶさに見ている人が少なかったので、これを追うだけで次に出てくる決算の内容がある程度予想でき、しかもそれが株価に大して織り込まれていないという状況がありました。これを活用して魔法のように好決算を当て続ける投資家がいたことを記憶しています。もちろん、今では月次情報は出た翌日には株価に織り込まれるので、売上高の面で決算情報がサプライズとなることはほとんどありません。

そして僕が本編で紹介した「すべての適時開示情報に目を通す」というやり方も、現在では多くの人が当たり前に実践する投資行動のひとつとなっています。武道やスポーツの世界でも、かつて画期的とされた技が研究され、模倣された結果、今日ではごく一般の基本動作になっているということがあると思いますが、それと同じようなものでしょう。

こうしたことの積み重ねによって、現在の個人投資家が備える投資判断のための前提はかつてなく高度なものとなり、単純な誰かの見落としや市場の穴を突くような、

いわゆるシステムをハックするタイプの勝ち方、優位性というものはかなり消失したと見ています。そのため、具体的な手法に特化した株式投資本の中には、今では無用の長物となってしまったものも多く存在するでしょう。

実際、僕が日本ライフラインを安く大量に仕込むことができたのは、投資家間の競争環境がまだ緩やかだったからに他なりません。今後の業績改善を強く示唆する決算内容が出ていたにもかかわらず、株価の反応は3カ月間ほとんどありませんでした。今なら数日のうちにストップ高1回分くらいは上昇したのではないかと思います。

このように、過去には開示情報を丹念に見ている人が多くなかったため、決算短信からそれなりの解像度で読み取れる将来性が株価に十分に反映されていないというシチュエーションがしばしば存在しました。それゆえに、限定的なリスク、大きなリターンという状況にある銘柄を発掘できたので、本編で僕が具体的な投資手法として紹介した「小型成長株への集中投資」を実践することには十分な理があったのです。

しかし、今ではどちらかといえば、少しでもいい材料があると株価が過剰に織り込み過ぎて、リスクばかりが先行する傾向が見られるようになっています。中小型株は文字どおり、小さいから中小型株というのであって、本来は株式市場における秘湯的な存在です。だからこそ見つけた時のリターンが大きかったのですが、それで上手くいった個人投資家があまりにも長期間クローズアップされた結果、あたかもそれが王道であるかのような錯覚が広まってしまい、今ではリゾート地のごとく人が押し寄せ、需給の乱れを起こしているのでしょう。

とはいえ、中小型株だからこそ実現できる劇的な企業成長と、そこからもたらされる大きなリターンという魅力が失われてしまったわけではありません。**あくまでも市場の見落としに乗じることが難しくなっているだけで、投資の本質とも呼ぶべき部分は今も昔も何ひとつ変わっていないのです。**

例を挙げてみましょう。市場がコロナウイルスの脅威に怯えていた頃、ホテル業界の株は２０１９年末比で半値かそれ以下にまで売り込まれていました。財務によって下げ幅に違いはあったものの、外食や旅行関連の銘柄も同じように大きく売られました。当初は破綻の恐れまで普通に想定できたので、その反応もやむを得ないものだったといえます。

その後、ワクチン接種の進展や政府の支援策の効果もあり、最悪期は脱して倒産の危機からは遠ざかったのですが、株価は低空飛行の時期が長く続きました。確かに、補助金頼みで正常な収益力がいつ戻るのかは誰にもわからない状況ではありましたが、かといって、人々の生活が未来永劫あの危機モードでいるわけではないことも明らかだったはずです。

人類の営みが続く限り、ホテルやレストランの需要は必ず復活する。そう捉えることができた人にとっては、誰にも邪魔されることなく安く大量に買う絶好機となり、後の2倍、3倍という株価上昇を享受できたのです。

これから求められるのは、投資の原理原則

別の観点でも投資機会はありました。あの頃、「ウィズコロナ」というフレーズが盛

んに用いられたことを憶えているかと思いますが、リモートワークの受け入れやＥコマース、デジタルコンテンツ市場の急拡大など、危機に対応することで僕たちの生活様式は急速な変化を強いられました。

そこに対応したサービスや製品を持っていた企業は追い風を受けて大躍進を遂げ、歴史的な株価上昇を見せる銘柄が相次ぎました。中には収益が一過性で終わり、バブル的な上昇となってしまった銘柄も多数あるものの、株式市場が実社会の写し鏡であるという側面を見事に示した事象であったでしょう。

果たしてこれらの投資を実行するのに、他の市場参加者を出し抜くための小手先のテクニックが必要だったでしょうか？

そんなことはありません。**求められたのは「未来を考え通す力」と、「その未来を信じ切る力」。いわば、投資の原理原則というべきものであったわけです。**

本編では、２０１３年頃を振り返って、スマートフォンが普及する未来や始まったばかりのモバイルゲームの市場性について取り上げ、投資家が想像力を働かせることの重要性を説きました。

ウィズコロナの連想ゲームはまさにそういうことであったし、最近でいえば、ＡＩブームとそれにまつわる半導体関連株の上昇なども、同じようなパターンとして認識することができたかもしれません。

僕たちが進化の歩みを止めない限り、社会やライフスタイルは常に移り変わり、そのたびに新たな投資の機会は湧き出てきます。これを捉える醍醐味は未だ健在である。そう言い切っても非難する人は現れないでしょう。

ところが、今や投資の世界もタイパ重視であり、今日明日には動かないと見るや次の銘柄に飛び移るような投資行動を取る人、まるで馬券を買うかのような感覚で決算を持ち越すような人も見られるようになりました。

そういう人は一見すると効率重視で立ち回っているように見えて、実のところすぐに結果の出ない投資にコミットができないだけなのです。

僕の頃とは打って変わって、誰も彼も決算を見るようになったことで、多くのプレイヤーが決算というイベントを通じて「よりインスタントに稼ぎたい」と望むようになったように感じます。

であればこそ。**どっしりと腰を据えた中長期投資に耐えられない人が多くなったからこそ、正統派のストーリー型投資の重要性がますます高まっているのではないかと思うのです。**そうした場所にこそ活路があるというのは、「人の行く裏に道あり花の山」という有名な相場格言の教えるところでしょう。

日本市場を取り巻く状況も随分と様変わりしましたが、ここ数年で起きた最大の変化といえば米国株投資の普及です。先ほど、SNSを起点とした投資情報の流通革命が起きたことを説明しましたが、そこで活動するインフルエンサーがある時期こぞって取り扱ったのが米国株でした。これには、国内株の情報は証券会社や既存のメディアなどにガッチリとカバーされていて参入余地がなかったのに対し、米国株の情報はまだ手薄で、その空白地を埋める需要が存在したからだと考えられます。

それとナスダックのグロース株の爆発的な上昇が相まって、個人投資家における米国株投資の立ち位置が劇的に変わりました。S&P500や、全世界の株式に投資するオールカントリーといったインデックス投資も含めれば、今では新たに株式投資を始める人のかなりの割合が日本株以外からスタートしているのではないかと思われま

[S&P500] 米国の代表的な株価指数のひとつ。米国株式市場全体に対し約80%の時価総額比率をカバーしており、米国市場全体の動向を把握する上で重要な指標といわれている。

す。「外国株はよくわからないのでとりあえず日本株」という、ホームカントリーバイアスは、かつてよりもかなり薄れていることを肌で感じます。

本書では、投資との適切な付き合い方をしっかりと見つけて欲しいということを強調しました。投資には間違いなく向き不向きがあり、人によって相場に注ぐべき時間や情熱は異なります。ただ、先程の外国株の例のように投資先の選択肢も幅広くなり、確実に投資と付き合いやすい時代になりました。

かつては投資情報といえばマネー誌やネットの掲示板くらいしかありませんでしたが、今はお手本となる市井の投資家もネット上に多数いますし、匿名のプロ投資家による情報発信も豊富ですから、ロールモデルや好みのスタイルを見つけることも容易でしょう。

僕のように個別株に心血を注ぐ人も、お手軽にＳ＆Ｐ５００のＥＴＦを買う人も、等しく個人投資家です。１人でも多くの方が有益な投資家人生を歩める結果となることを願い、また本書がその一助となればとの思いを込め、本改訂版の締めくくりとしたいと思います。

パンデミック時、私はどのように行動したか

初版から8年以上歳月が過ぎ去りました。この間、株式市場に大きな影響を与えた出来事は、いつものように想像を超えるものばかりでした。イギリスのＥＵ離脱、トランプの大統領就任、生成ＡＩの出現、ロシアのウクライナ侵攻など、枚挙にいとまがありません。

中でも特筆すべきは、COVID-19によるパンデミックでしょう。そこでこの章では、パンデミック時に私がどのような行動を取っていたかを振り返り、私の投資スタイルのおさらいや、パンデミック後の仕事のやり方の変化などについてもお話しします。機関投資家の立場から、すべてホンネで述べようと思います。

２０２０年の年初、私はこの手のタイプの出来事にはまったく知見がなかったため、

当初はSARSやMERSといった感染症程度のものだろうと思い、さほど気にとめていませんでした。

ですので、同年2月後半頃に株式市場が下落し始めた時は、かなり驚きました。私は日頃から株式市場だけではなく、世界中の債券、不動産、デリバティブなどの動きも見ているのですが、当時はあらゆる資産クラスが一様にリスク回避的な動きをしており、それらが示唆するところは、世の中の経済活動がしばらく完全に止まることを織り込んでいるかのようにみえました。

ただ、「相場が早く動いている時ほど、視点を大きく構え、ゆったり考えて行動し、相場がゆっくり動いている時ほど、素早く考えて行動します」と、本編でも述べていたように、私は運用するポートフォリオを何も動かさないと決めていました。人は来月のマクロ経済統計すらまともに予想はできないのですから、こうした想定外の出来事の行く末を予想することなど、到底できることではありません。

ですので、世間の混乱とは裏腹に、在宅で仕事をしていた私は早くにPCやスマホの電源を切って、映画を観たり近所を散歩したりしていました。

［SARSやMERS］いずれも重度の呼吸器感染症で、SARS（重症急性呼吸器症候群）は2002～2003年にかけて中国からアジア各地域やカナダなどに感染が拡大。MERS（中東呼吸器症候群）は2012年にアラビア半島を中心に発生しヨーロッパへ拡大した。

朝になって会社のPCを立ち上げると、案の定、そこには面倒なメールやチャットが渋滞していました。営業部からは「半年前にファンドを購入したばかりの大口顧客が、簿価を大きく下回る負けとなっているため、3月末の決算をまたぐ前に損切りする可能性があるそうです。全解約をする場合のスケジュールや執行コストの提示を求められています」、リスク管理部からは「シミュレーションによると、あなたのポートフォリオは予想成長性ファクターや、売買回転率ファクターが過大であるため、想定外の負けを被る可能性があります。これらに対してどのように対処する予定かお聞かせください」など、私としてはそのまま何も見なかったことにしたいような連絡が入っていました。ただ、サラリーマンであるため、結局はこうした不毛な仕事に追われていました。

同年3月に入ると、売りが売りを呼ぶような連日の大幅下落が発生しました。相場を見ていると、私と同じような境遇にある機関投資家が、泣く泣く現物株を手放したり、ファンドの解約に対応するために指数先物を売り建てたりしている様子が、手に取るようにわかりました。

プロ向けの資金を運用する私募ファンドの場合、売買する規模が大きいため、証券会社と相対でバスケット取引やブロックトレードなどを行います。しかし、相場が大幅下落しているような地合いだと、通常時よりも大きなスプレッド・コストを証券会社に支払う必要があるため、ファンドのパフォーマンスは実態以上に悪化してしまいます。顧客は自分たちがファンドに残り続けて最後のババを引きたくないので、解約通知を急ぎます。こうして解約がドミノ倒しで発生し、売りが売りを呼ぶクラッシュが発生します。

メディアはいつものように報道という名の無責任なノイズを発信し、混乱を煽っているように見えました。私のメディア嫌いは年々加速しており、自分のコメントがたびたび掲載される日経新聞ですら、購読していませんでした。

「本日15時から、大口顧客のA銀行さんが小松原さんとミーティングをしたいとのことですので、スケジューラーに入れておきました、それからB基金さんも17時からです……」

ファンドマネージャーの仕事の半分はマーケティングだと揶揄されますが、私は

［バスケット取引］複数銘柄をバスケットに入ったひとつの商品とみなしてまとめて売買する取引。

［ブロックトレード］証券会社を通じて、大量の同一銘柄の売却または購入を相対で行う取引。

「やれやれ」と思いながら、しぶしぶ首を縦に振りました。
本編を読まれた読者のみなさんならご想像がつくと思いますが、私が顧客に対して述べることは、まるでお坊さんの読経のように、いつも同じものでした。

「パンデミックにより一時的に業績が悪化するかもしれませんが、投資している企業の成長ストーリーや業績予想は大きく変わりませんので、期待リターンは変わりません。よってポートフォリオに追加的なアクションは必要ありません」

大口顧客というのは年金基金や銀行、保険会社などであり、自身もプロの機関投資家であるため、こうした私の発言を単なる綺麗ごとだと受け止める人も多くいます。特に、日本の機関投資家は投資家としての成熟度が低く、また、社内へ報告するための材料探しをしている場合が多く、投資先ファンドのパフォーマンスの悪化に対する合理的な言い訳や、追加的な対応策を求めてきます。
「この四半期で見ると保有銘柄の勝率が著しく悪化している。損切りのディシプリンはないのか」「見通しづらい市場環境にあっては、**トラッキングエラー**を引き下げ、

[**トラッキングエラー**] ファンドやポートフォリオとベンチマーク（インデックスなど）のリターンとの乖離の大きさを表す指標。

身構える必要があるのではないか」「このセクターのコンセンサス予想は足元で低下してきている。それでもあなたはこの銘柄の今期業績は上振れると言えるのか」など。

何をいわれても私は折れることはないため、お互いに論点がズレたまま、堂々巡りが繰り返されました。

私は自分の発言の行間には「パフォーマンスに納得がいかなければ解約してくれればいい」という意味を込めていました。大口顧客からファンドが次々に解約されれば、私はクビになります。投資先の社長や組織のクオリティーを調べ、中長期的な業績成長の確信度を高めるという投資哲学が通用しなくなれば、私もようやく引導を渡され、引退できるなと心のうちでは思っていました。

結果的には、私は8年前と何も変わらず、今もファンドマネージャーとして仕事を続けています。パンデミックによるショック時を含めて、結局は一度もファンドを解約されることはありませんでした。

一方、この数年で数多くのファンドマネージャーが退場を余儀なくされました。ア

［コンセンサス予想］複数のアナリストやエコノミストなどが分析した企業収益や株価動向、経済予測の平均値。

クティブファンドは総じてパフォーマンスを悪化させており、「アクティブファンドは結局勝てない」「インデックス型のパッシブファンドが最も効率がいい」という声が主流となってきています。

こうした状況で、「なぜ、あなたはあらゆる相場環境の中で、パフォーマンスを大きく崩すことなく生き残れているのか？」と尋ねられることがよくあります。

私としては何か特別なオペレーションを行っているということはなく、**シンプルに自分の投資スタイルを変えずにいることが、その要因であると思っています。**パフォーマンスを大きく崩したファンドを見ていると、外的な圧力に屈して投資スタイルを変更したり、〝らしくない〟銘柄をポートフォリオに組み入れてしまったりしているように見受けられました。

〝らしくない〟銘柄は一時的にはパフォーマンスの悪化を是正してくれますが、変化する相場環境の中で、ポートフォリオの軸がブレてしまい、結局は後追いばかりをしてパフォーマンスを悪化させてしまうことになります。

プロの投資家であっても、自分の投資スタイルを維持し続けることが、いかに難しいかがよくわかります。

投資において、変わったこと、変わらなかったこと

さてここで、８年前との答え合わせをしてみましょう。

本編で具体例として挙げていた信越化学はどうだったでしょうか。２０１５年３月期の営業利益は１８５３億円でしたが、２０２３年３月期のそれは９９８２億円になり、営業利益率は14・８％から35・５％になり、同期間の株価は約５倍になりました。

２０１５年当時、私はプレゼンなどで同社は１兆円以上の営業利益を稼ぐ会社になると発言していましたが、内心では誰も信じていなかったと思います。ですが、それも射程に入ってきています。

これほどの劇的な成長を遂げた背景にはどのような秘策があったのかと聞きたくな

るかもしれませんが、この間、同社は主力事業の塩ビ樹脂や半導体向けシリコンウエハー、シリコーン樹脂などの競争力を地道に上げ、販売量の増加によってシンプルに増収増益を続けてきただけでした。

証券会社の化学セクターアナリストの2015年当時のレポートにはこうあります。

「競合として中国勢などが台頭してきていることを考慮すると、信越化学の主力事業のシェアはすでに上限に近く、価格決定力を失う可能性もある。株価バリュエーションはヒストリカル・レンジの上限に近く、割安感に乏しい。レーティングは中立を維持する」

木を見て森を見ずとはまさにこのことです。そこには「なぜ信越化学は本質的な競争力において抜きん出ているのか」についての考察がなされていないことがわかります。同社の異質さ、異常さは、たとえ四半期決算の内容を見ても、他社とは違う何かがそこにあると気づけるはずです。

そこを出発点に、ネットで取得できる情報だけであっても、同社の組織づくりや人材の競争力などについて知ることができ、確信度を高めていくことは十分に可能でした。

幸いにして、8年以上が経った今でも、状況は変わっていませんので、私としてはありがたいことでもあります。振り返ると、私は信越化学の他に20以上の銘柄をこの間保有し続けています。さまざまな相場の変化や、パンデミックの暴落の際にポートフォリオから外してしまっていたら、当然、私は生き残っていなかったでしょう。

最後に、パンデミック後に変わったことについて述べたいと思います。まず、私はパンデミックが発生してすぐに、自然豊かな地域に引っ越し、在宅で仕事をするようになりました。

また、以前は社内のアナリストが主催する企業取材に、多い日で4件ほど参加することもありましたが、パンデミック後はほとんど参加しなくなりました。

これにはいくつかの要因があります。第一に、業界的にインサイダー規制が厳しくなり、閉じた空間で企業取材を多く行っていると、あらぬ疑いをかけられるリスクが上がるようになってきました。

第二に、社内のアナリストがＥＳＧやＳＤＧｓといった軸でリサーチを行うことが強制され、また取材先企業との対話を行うことが義務づけられるようになるなど、私が重要視しているポイントとはズレた論点での企業取材がほとんどとなってしまいました。

ページの関係でＥＳＧやＳＤＧｓについて多くは述べられませんが、業界には3種類の人間がいます。

ひとつは、私のようにそれが大いなる茶番であることを知っており、関わらないように距離を置いている者、2つ目は茶番であることを知りつつ、マーケティングの方便としてそれを利用している者、3つ目は本当にＥＳＧやＳＤＧｓの観点から投資先を選ぶことが、未来の人類社会のためになると信じている者です。

投資を行うこと、あるいは投資で勝つことには、ＥＳＧやＳＤＧｓにおいて評価できる企業を選ぶことは当たり前に含まれているものであり、あえて切り出してレーティングを付与したり、新ファンドを売りつけたり、メディアにプロパガンダを流させたりするようなものではありません。

企業取材は減らしていますが、私は一人で取材先の経営陣と会うようにしているので、組織力や人的な資産を知るためのディスカッションに多くの時間を使えるようになりました。

また、可処分時間が増えたことで、決算発表をよく見るようになりました。前述したように、決算実績を見るだけでも、他社とは違う何かを持つ企業の異質さ、異常さを見つけることは可能です。そしてそこからさまざまな公開情報を、時を遡るようにして読んでいき、確信度を高めていきます。

近年は割安株の中から、突然、不採算事業の売却や、株主還元の強化を発表する会社も増えてきました。こうした突然の変化は、決算サプライズとして翌日の株価が大きく上昇しますが、その後からでも、それが内的な変化によるものかどうかを見定めれば、株価の上昇を享受することは十分に可能だと思います。この手法は機関投資家よりも、時間や熱意や、リスクを取れる個人投資家のほうが向いている手法であるといえます。

最後になりますが、パンデミックを経験して、社会全体が無理・無駄を省く方向に動き、効率化が進んでいます。株式投資も、機関投資家と個人投資家の情報格差はほとんどなくなってきました。

投資は一生涯かけて続くものです。本書が、みなさんの勝ちパターンの確立の一助になれば幸いです。

おわりに　株式投資の魅力とは

片山 晃（五月）

最後に、僕の考える株式投資の魅力についてお話しさせてください。

僕は専門学校に進んで1年で中退したので、大学には行っていません。そして22歳で株と同時にアルバイトを始めるまではずっとオンラインゲームをしていたので、約4年間の空白期間がありました。

それが、150億円という大金を稼ぎ、運用会社に就職して機関投資家の業務を体験し、こんな本を出すまでになったのです。これらはすべて、株と出合わなければ起こりえなかった奇跡のような出来事です。退職金を手にするまで運用のことなんて考えたこともないという人も多い中で、若いうちに株に出合えたことが、僕の人生における最大の幸運だったと言い切れます。

もちろん、株と出合ったせいでお金も精神もすり減らし、人生がボロボロになってしまったという人もいるかもしれません。でも、正しい投資との付き合い方を身につけることができれば、仮にお金は減ってしまったとしても、それ以外に得るものは多くあったということはできると思うのです。

僕は今のところ、株以外の金融商品にはまったく興味がありません。それはなぜかというと、きっと株式投資には体温が感じられるからだと思います。僕は自分の資産を増やすために企業の業績に投資をしていますが、その業績をつくるのは企業を形成している社員の人たちです。人の営みがつくり出すものだからこそ、そこにはさまざまなドラマやストーリーがある。為替やオプション、商品先物のような無機質なものにはない人間臭さや人がつくる歴史に大きな魅力を感じています。

だからこれからもずっと投資を続けて、約３８００の上場企業がどのような歴史を紡いでいくのかを見届けたいし、まだ見ぬ新たな企業の登場を心待ちにしたいと思っています。

本書をきっかけとして、そうした投資の魅力に共感してくださる読者の方が一人でも増えてくれることを願って、筆をおきたいと思います。

［著者略歴］

片山 晃（かたやま・あきら）　ペンネーム：五月（ごがつ）

株式会社レッドマジック 代表取締役社長
専門学校中退後の4年間をネットゲーム廃人として過ごした後、22歳で株式投資に出合い、2005年5月からの7年半で65万円の投資額を12億円まで増やした。2013年に運用会社レオス・キャピタルワークスに入社、1年間の機関投資家業務を経験し再独立。現在の総資産は150億円で、企業買収やヘッジファンドの設立、累計50件以上のスタートアップ投資など活動の幅を広げている。北海道に競走馬の生産牧場を持つ馬主としても知られる。

小松原 周（こまつばら・あまね）

大手資産運用会社にてファンドマネージャー・アナリストを務める。徹底した企業リサーチと業績予想をもとに投資を行うファンダメンタリストであり、長いキャリアの中で大きく負けたことがないため「不敗の投資家」として知られる。これまでに日米通算で5000社以上の会社へ取材した経験を持つ。さまざまな業種業界に精通しており、経営戦略からコーポレートファイナンス、経済学、財務分析等の知識が豊富であることから、上場企業の経営者の間でも氏との面談は評価が高い 。巨大ファンドを運用する現役のファンドマネージャーであり、株式市場への影響力が大きいため、氏名以外の個人情報は基本的に非公開としている。

改訂版《かいていばん》 勝《か》つ投資《とうし》 負《ま》けない投資《とうし》

2024年1月11日　初版発行
2024年4月11日　第4刷発行

著　者　片山 晃（五月）／小松原 周

発行者　小早川幸一郎

発　行　株式会社クロスメディア・パブリッシング
〒151-0051 東京都渋谷区千駄ヶ谷4-20-3 東栄神宮外苑ビル
https://www.cm-publishing.co.jp
◎本の内容に関するお問い合わせ先：TEL（03）5413-3140／FAX（03）5413-3141

発　売　株式会社インプレス
〒101-0051 東京都千代田区神田神保町一丁目105番地
◎乱丁本・落丁本などのお問い合わせ先：FAX（03）6837-5023
service@impress.co.jp
※古書店で購入されたものについてはお取り替えできません

印刷・製本　中央精版印刷株式会社

　ISBN978-4-295-40921-2　C2033